AI와 음악

인공지능총서

인공지능 시대입니다. 기계가 인간의 인지를 대신하고, 사물이 인간을 통하지 않고 다른 사물과 직접 커뮤니케이션합니다. 이에 따른 인간 삶과 문명 변화를 정확히 이해·예측·대응하는 것은 이 시대 우리 모두의 과제입니다. 인공지능총서는 인공지능 기술과 환경의 여러 주제를 10가지 키워드로 정리합니다. 관련 개념과 이론, 학계와 산업계의 쟁점, 우리 일상의 변화를 다룹니다. 인간과 기술의 현재, 미래를 세심히 분석합니다.

일러두기

- 인명, 작품명, 저서명, 개념어 등은 한글과 함께 괄호 안에 해당 국가의 원어를 병기했습니다.
- 외래어 표기는 현행 어문규정의 외래어표기법을 따랐습니다. 다만 '딥러닝', '딥마인드', '딥페이크' 등은 관행을 따랐습니다.

AI와 음악

박재록

대한민국, 서울, 커뮤니케이션북스, 2024

AI와 음악

지은이 박재록
펴낸이 박영률

초판 1쇄 펴낸날 2024년 11월 25일

커뮤니케이션북스(주)
출판 등록 2007년 8월 17일 제313-2007-000166호
02880 서울시 성북구 성북로 5-11
전화(02) 7474 001, 팩스(02) 736 5047
commbooks@commbooks.com
www.commbooks.com

ISBN 979-11-7307-144-7 03500

책값은 뒤표지에 표시되어 있습니다.

차례

음악과 기술, 그리고 인공지능 vii

01 음악 기술의 역사 1

02 음악 인공지능의 역사 11

03 딥러닝 인공지능 기술 21

04 작곡 인공지능 29

05 작곡 보조 인공지능 39

06 보컬 연주 인공지능 47

07 믹싱과 마스터링 인공지능 57

08 음악 추천 인공지능 65

09 음악 분석 인공지능 75

10 음악 인공지능의 미래와 윤리 85

음악과 기술, 그리고 인공지능

음악과 기술의 상호작용

음악과 기술은 서로 영향을 주고받으며 시대를 관통해 왔다. 1700년대 전후 이탈리아의 악기 제작자인 크리스토포리(Bartolomeo Cristofori)가 피아노포르테(Piano-forte)라는 악기를 제작한 이후, 음악가들이 작곡과 연주에 피아노를 도입하게 되면서 건반악기의 기교가 발전하고 넓은 음역대를 사용할 수 있게 되었으며, 이전에 비해 다양한 음악적 표현이 가능해졌다.

트럼펫과 호른은 관의 길이로 정해지는 기음과 그 배음렬에 있는 음 위주로만 연주할 수 있는 악기였지만, 19세기 초중반 반음계 연주를 위한 밸브(valve)가 개발되고, 이를 적용된 악기가 사용되기 시작했다. 밸브를 통해 오케스트라에서 중요한 두 금관악기는 완전하게 반음계적 악기가 되었고, 후기 낭만 시대의 음악에서 관악기의 반음계적 활용이 나타났다.

기타(guitar)는 민속음악과 고전음악에서 널리 사용되는 악기였지만, 음량의 한계로 인해 대규모의 공연장에서 다른 악기들과 합주가 어려운 악기였다. 20세기 초반, 진공관을 이용한 전기 증폭 장치의 발명과 일렉트릭 픽업(electric pick-up)의 도입으로 등장한 일렉트릭 기타는 20세기 후반 대중음악에서 가장 중요한 악기 중 하나로 떠올랐다. 이렇게 음악이 기술의 발전을 필요로 하고, 기술이 음악에 새로운 가능성을 열어 주는 경우는 음악의 역사에서 수많은 예를 찾을 수가 있다.

음악의 제작이라는 행위에서도 기술 발전은 새로운 가능성을 음악 창작자에게 제공하였다. 서양 고전음악의 전통에서 작곡은 작곡가가 악보로 음악을 옮겨 적는 과정을 의미했다. 반면 민속음악은 대부분 작곡자도 불분명하고 기보되지 않은 상태로 구전되어 왔다. 악보로 기록된 음악은 지역을 넘어 전파되었지만 그렇지 못한 음악은 지역에만 머물러 있거나 사라졌다.

소리를 녹음하는 기술이 등장하면서 악보화되지 않은 음악들도 기록이 되고 지역을 넘어 전파될 수 있었다. 악보에 기반하지 않은 민속음악가나 재즈 음악가들의 음악이 비로소 대중화할 수 있는 기회를 얻었다. 그리고 대중은 공연장에 가지 않아도 본인이 원하는 음악을 원하는 시간에 들을 수 있게 되었다.

이렇게 음악과 기술의 상호작용은 연주자와 작곡가,

그리고 음악 감상자가 음악을 만들고, 듣는 방식에 영향을 끼쳐 왔다. 크리스토퍼 스몰(Small, 2004)은 음악을 만들고, 연주하고, 듣고, 가르치는 음악과 관련한 모든 행위를 '음악하기(musicking)'라는 새로운 용어로 표현했다. 음악하기의 역사에서 기술은 앞서 예와 같이 중요한 역할을 해 왔다.

새롭게 등장하는 기술은 과거의 기술을 대체하기도 하고 보완하기도 한다. 물론 모든 새로운 기술이 음악하기에 영향을 끼친 것은 아니다. 새로운 기술을 바탕으로 한 새로운 도구나 미디어가 등장하여 몇몇 수용자들에게 관심을 받았지만, 큰 영향을 끼치지 못하고 묻힌 경우도 수없이 많다. 그러나 우리가 현재 음악을 듣고, 음악을 하는 방식은 많은 부분이 기술과의 상호작용의 결과라는 것을 부정할 수는 없을 것이다.

인공지능 시대의 도래

2024년 현재 가장 주목받는 기술은 인공지능이다. 많은 테크 기업들이 사활을 걸고 인공지능 시대에 뒤처지지 않기 위해 투자를 늘려 가고 있다. 학계의 경우에도 직접적으로 인공지능 기술과 관련이 있는 공학 분야뿐만 아니라, 기술과 크게 관련이 없어 보이는 분야에서도 발전된 인공지능 기술이 미칠 사회문화적 영향에 대해 많은 연구를 진행하고 있다. 우리의 실생활에서도 이미 많은 부분에서 인공지능 기술이 적용되었고, 새로운 시도도 계속되고 있다. 뉴스에 오르지 않아 일반인들이 쉽게 알아차리지 못하는 부분에서도 도입되기를 기대되는 수많은 인공지능 응용 기술들이 있다.

과거 기술 발전을 통해 대체되는 직업은 단순한 반복 작업을 주로 하는 직업들이고 인간의 고도의 창의성을 요하는 작업은 기술로 대체되기 어렵다는 시각도 있었다(Frey & Osborne, 2013). 그러나 최근 인공지능 기술이 발전하는 양상을 보면 미술이나 영상, 글쓰기와 같은 창작의 영역에서 놀라운 결과물을 보여 주고 있으며 음악 분야도 예외는 아니다. 작곡과 작사, 연주와 노래, 믹싱과 마스터링 등 음악 제작의 거의 모든 분야에서 우리가 특이점을 지나고 있는 것은 아닌지, 그리고 특이점을 지난다면 어떤 변화를 겪을 수 있는지에 대한 논의가 필요하다.

음악과 관련된 인공지능에 대해서도 많은 연구들이 진행되었고, 일반인들이나 전문 음악가들이 쉽게 사용할 수 있는 관련 소프트웨어와 서비스들도 이미 많이 등장했다. 미래학자 레이 커즈와일(Kurzweil, 2006)의 말처럼 특이점의 순간이 도래한 것으로 보인다. 과연 음악을 만들고 듣는 음악하기에서도 인공지능 기술로 인한 특이점을 우리가 경험하게 될 것인가?

유토피아적 미래는 우리가 고통스러운 노동에서 해방되는 것이다. 인공지능 기술을 통해 우리는 고통스러운 훈련과 고통스러운 창작의 노동에서 해방되어 보다 편하게 음악을 할 수 있을 것이다. 디스토피아적 미래는 음악을 만드는 여러 과정의 인력들이 인공지능을 통해 대체되고, 직업적으로 음악하는 사람은 사라지는 모습일 것이다. 실제의 미래는 유토피아적 미래와 디스토피아적 미래 전망의 양극단의 중간 어디인가 있을 것이다.

책의 구성

음악과 인공지능에 대한 연구와 상용화된 소프트웨어 및 서비스가 다양한 차원에서 다양한 채널을 통해 계속 발표되고 있다. 이 책에서는 음악하기에 관한 가능한 한 넓은 분야에 대한 소개들을 담으려고 했기 때문에 여러 가지로 부족한 점이 많을 수밖에 없다. 최근 연구가 집중된 분야에서는 전반적인 리뷰 연구들이 발표되어 이를 주요 참고문헌으로 삼았지만 너무나 빠르게 기술이 발전하고 있기 때문에 불과 작년에 발표된 리뷰 연구라고 하더라도 최신의 기술들을 반영하지 못하고 있다. 그럼에도 기본적인 기술의 발전 역사와 배경, 그리고 중요한 연구와 프로젝트, 상용화된 기술들에 관해 전반적인 정리를 해 보았다.

이 책의 구성은 다음과 같다. 우선 1장에서는 인공지능 기술이 주목받기 이전까지의 음악 기술의 역사에 대해 정리해 보았다. 에디슨의 포노그래프 발명 이후 지난 150년간의 음악 기술의 발전은 우리의 음악하기 방법을 그 이전과 다른 것으로 변화시켜 왔다. 새로운 기술인 인공지능이 어떤 변화를 추동하게 될지에 대해 과거의 사례를 통해 현재를 이해하고 미래를 대비할 힌트를 얻을 수 있을 것이다.

2장과 3장에서는 음악 인공지능의 역사와 딥러닝 인공지능 기술을 정리해 보았다. 이 장들은 현재 음악 인공지능 기술에 대한 기본적인 이해를 돕기 위해 작성되었다. 2장에서는 음악 인공지능 기술의 발전 과정, 3장에서는 딥러닝의 원리와 그 아키텍처들을 설명한다. 이러한 기술적 지식은 음악 인공지능의 다양한 응용 사례를 이해하는 데 필수다.

4장에서는 작곡 인공지능에 대해 다룬다. 현대의 작곡은 크게 두 가지 다른 결과물로 구현될 수 있는데, 하나는 악보나 미디로 대표될 수 있는 기호화된 음악 작곡이며, 다른 하나는 바로 청취가 가능한 음원 제작이다. 이 장에서는 이 두 가지 방식의 음악 인공지능에 사용되는 기술과 상용화된 서비스에 대해 살펴보았다.

5장에서는 작곡을 보조해 주는 인공지능에 대해 다룬다. 인공지능은 작곡의 여러 과정 중 일부에 적용되어 창작의 보조적인 역할을 할 수 있다. 이 장에서는 작곡 과정에서 인공지능이 어떻게 도움을 줄 수 있는지, 그리고 이러한 기술이 음악 창작의 새로운 가능성을 어떻게 열어 가고 있는지 논의한다.

6장에서는 음성을 합성하는 기술부터 최근의 딥러닝 기술이 적용된 노래를 생성하는 인공지능 기술에 대해 소개한다. 음성 합성 기술은 이미 다양한 분야에서 사용되고 있으며, 최근 딥러닝 기술의 도입으로 더욱 자연스럽고 표현력 있는 음성 및 노래의 생성이 가능해졌다. 이 장에서는 이러한 기술의 원리와 응용 가능성, 그리고 보컬로이드 사례에 대해서 다루었다.

7장에서는 음악 제작의 후반부 작업에 해당하는 믹싱과 마스터링에 도입된 인공지능 기술에 대해 소개했다. 믹싱은 복잡하고 다양한 단계로 진행되는 작업으로 기술적이면서도 창의적인 작업이다. 마스터링은 음원 제작의 마지막 단계로 예민한 청취 능력과 기술이 필요한 작업이다. 인공지능 기술이 어느 수준까지 이러한 작업들을 보조하거나 대체할 수 있는지에 대해 알아보았다.

8장에서는 음악을 감상하는 데 이용될 수 있는 음악 추천 인공지능에 대해서 다룬다. 음악 추천 시스템은 현대 음악 소비에 중요한 역할을 하고 있으며, 인공지능이 이러한 시스템의 핵심 기술로 자리 잡고 있다. 이 장에서는 음악 추천 알고리즘의 원리를 설명하고, 인공지능 음악 추천 기술이 개인화된 음악 경험에 어떤 영향을 미치는지에 대해 다룬다.

9장에서는 음악의 분석에 이용될 수 있는 인공지능에 대해 다룬다. 전통적인 음악적 요소인 선율, 화성, 리듬 등에 대한 분석 기술과 믹스된 음원에서 특정한 악기 소리만 분리해 내는 기술을 소개한다. 음원에서 장르와 감정을 분석하는 기술에 대해서도 다룬다.

마지막으로 10장에서는 음악 인공지능의 미래와 윤리적 고려 사항에 대해 정리한다. 인공지능 기술의 발전이 음악 산업에 미칠 잠재적 영향과 윤리적 문제에 대해 논의하며, 음악 인공지능이 직면한 도전과 기회를 탐구한다.

음악 인공지능의 기술적 발전은 앞으로도 계속될 것

이며, 이 기술들 중 많은 것들이 상용화되어 우리의 음악하는 방법에 영향을 미칠 것이다. 어떤 기술이 성공적으로 도입되고 어떤 기술은 보다 더 성숙되기를 기다려야 될지 현재로서는 단언하기 어렵다. 다만 이 변화의 와중에서 이 책이 음악과 인공지능에 대해 관심 있는 학생과 연구자들에게 유용한 정보를 제공할 수 있기를 기대한다.

참고문헌

박재록(2015). 『음악테크놀로지의 이해』. 음악세계.

박재록(2019). 음악 제작에 도입된 기술과 인공지능에 관한 역사적 관점에서의 고찰. ≪음악이론연구≫, 33권, 108－143쪽.

Frey, C. B. & Osborne, M. A.(2013). The future of employment: How susceptible are jobs to computerisation?. *Technological Forecasting and Social Change*, 114, pp.254－280.

Kurzweil, R.(2006). *The Singularity Is Near: When Human Transcend Biology*. Penguin Books. 김명남 옮김(2007). 『특이점이 온다』. 김영사.

Small, C.(1998). *Musicking: The Meanings of Performing and Listening*. Wesleyan University Press. 조선우, 최유준 옮김(2004). 『뮤지킹 음악하기』. 효형출판.

01
음악 기술의 역사

음악 녹음 기술은 토머스 에디슨의 축음기 발명 이후, 음악의 제작과 감상의 패러다임을 변화시켰다. 음반은 악보 중심의 음악 전달 방식을 대체했고, 테이프와 전자악기의 발명은 음악 제작과 연주 방식을 혁신했다. 디지털 시대에 들어 음악의 제작과 감상 방식은 다시 크게 변화했다. 새로운 기술이 항상 성공적으로 도입되지는 않았지만 실패한 기술들도 이후 발전의 밑거름이 되었다.

음악 녹음 기술의 등장

1877년 토머스 에디슨(T. Edison)이 축음기(phonograph)를 발명한 이후, 이전에는 없던 새로운 음악 감상 방식이 가능해졌다. 소리를 녹음하고 재생하는 기술은 사람들이 음악을 듣기 위해 공연장을 찾아가거나, 직접 연주하지 않고도 음악을 들을 수 있는 새로운 방법을 제공했으며, 이는 음악에 대한 관념과 미학, 그리고 음악 제작 방식에 많은 변화를 불러왔다(박재록, 2015).

20세기 들어, 음반은 음악 미디어로서 악보의 자리를 대체했고, 음악 제작의 도구로서 악보를 보완했다. 19세기까지 서구 문화권에서는 악보를 통해 작곡가의 음악이 연주자들에게 전달되었고, 다시 연주자들을 통해 음악 청취자들에게 전달되었다. 작곡가들에게 악보의 출판은 중요한 수입의 원천이었으며, 음악을 전달하기 위한 주요한 매체였다. 녹음 기술이 등장하면서, 악보를 기반으로 연주되던 음악이 아닌, 악보화되지 않은 음악들도 연주자들의 이동 없이 지역을 넘어서 전파될 수 있었고, 악보에 기보되지 않은 즉흥 연주들도 새로운 미디어의 능력으로 기록되고 전파될 수 있었다. 연주자들과 작곡가들은 녹음 기술을 통해 자신들의 음악이 배포될 수 있는 새로운 미디어를 만났고, 새로운 기회를 갖게 되었다.

청취자들도 이러한 다양한 새로운 음악을 집에서 듣고 소유할 수 있는 기회를 가질 수 있게 되었다. 음악은 녹음된 음반을 통해 물질적 대상으로 바뀌었으며, 음반을 소유하는 것으로 그 음반에 녹음된 음악을 소유한다고 이야기할 수 있게 되었다. 20세기 초, 음반의 녹음과 판매가 산업으로서의 가능성을 보이자 수많은 음반 회사들이 설립되었다. 1920년대 초반 미국에서는 1억 장의 음반이 생산되었으며, 1920년대 중반이 되면 미국에서 포노그래프 음반의 총 판매액이 낱장 악보의 총 판매액을 추월하였다. 당시 세계사의 변방이었던 일제 강점기의 조선에서도 많은 음반 회사가 설립되어 엔카, 민요, 재즈송들이 유행했다.

아날로그 시대의 음악 기술

1920년대에는 마이크로폰이 녹음에 사용되기 시작했다. 소리를 전기 신호로 변환해 주는 장치인 마이크로폰은 1870년대 전화기가 발명된 시기부터 실용화되었지만, 당시에는 음악을 녹음하기에는 성능이 부족했고 축음기에 적용하기에는 기술적으로 문제가 있었다. 전기 신호를 증폭할 수 있는 진공관과 성능이 뛰어난 콘덴서

마이크로폰이 개발된 이후, 마이크로폰을 이용한 전기 녹음이 실용화되었다. 나팔 형태의 집음 장치가 아닌 마이크로폰을 향해 노래하고 연주하게 되면서 음반 제작 방식은 큰 전환점을 맞이하게 되었다(Chanan, 1995).

1940년대 후반에는 테이프 녹음기가 상용화되기 시작했다. 테이프 녹음기는 그 이전 왁스 디스크에 녹음하던 방식에 비해 음질이 뛰어났을 뿐만 아니라, 더빙이 가능해서 하나의 음악을 파트별로 나누어 녹음하는 것이 가능했고, 테이프를 잘라서 이어 붙이는 방식으로 편집도 용이했다. 이로써 공연에서의 연주와 녹음을 위한 연주가 구분될 수 있었다.

20세기 중반에는 다양한 전자악기들이 만들어져서 음악가들이 새로운 음향에 대해 탐구하는 것이 가능해졌다. 특히 1960년대에는 멜로트론(Mellotron)과 무그(Moog) 신시사이저(synthesizer)가 등장했다. 멜로트론은 건반 인터페이스를 가진 테이프를 이용한 아날로그 샘플러로, 한 악기에서 다양한 악기의 음향과 다양한 리듬을 연주할 수 있었다. 무그 신시사이저는 기존의 실제 악기들에서는 불가능한 새로운 음향의 창조를 가능하게 해 주었다. 멜로트론과 무그는 이러한 기능을 하는 최초의 장치는 아니었지만, 많은 음악가들이 이 악기를 이용하여 음악을 만들면서 청취자와 동료 음악가들에게 새로운 악기를 통한 새로운 음악의 가능성에 대해 알려 주는 계기가 되었다.

디지털 시대의 음악 기술

1970년대 후반부터 디지털 전자악기와 디지털 녹음 기술이 상용화되기 시작했다. 1980년대에는 미디(MIDI) 표준이 제정되었다. 이후 미디를 지원하는 디지털 전자악기가 등장하고, 컴퓨터를 이용한 음악 제작이 시작되었다. 1990년대에는 컴퓨터에서 동작하는 소프트웨어 방식의 이펙트와 전자악기가 등장했고, 1990년대 후반 오토튠(Auto-tune)도 등장했다. 이 시기 인터넷이 보급되면서 MP3를 통한 음악 청취가 확산되었으며, 2000년대에 들어 광고 기반 혹은 구독 기반의 음악 스트리밍 서비스가 보급되기 시작했다.

디지털 음악 기술이 대중화되면서 음악 제작 방식과 감상 방식 모두 이전 시대와는 크게 달라졌다. 음악가들은 아날로그 시대에 비해 훨씬 쉽고 저렴하게 음악을 제작할 수 있게 되었다. 아날로그 시대에는 음악 제작을 위해 고가의 장비와 스튜디오, 전문적인 연주자와 엔지니어가 필요했다. 디지털 시대에는 음악 제작 과정의 상당

수가 컴퓨터의 소프트웨어를 통해 대체될 수 있으며, 음악가들은 이전에 비해 매우 저렴한 비용으로 음악을 제작하고 간단하게 음악을 유통할 수 있게 되었다.

청취자들도 스트리밍 서비스를 통해 최신 음악부터 과거의 음악까지 원하는 시간과 장소에서 자유롭게 음악을 들을 수 있게 되었다. 음악 청취의 시공간적 자유는 아날로그 매체인 콤팩트 카세트테이프 재생 장치의 소형화를 통해 이미 실현 가능했지만 이때의 청취는 본인이 소유한 음악 라이브러리 내에서만 가능했다. 반면 스트리밍 서비스는 인터넷 연결을 통해 서버에 저장된 모든 음악에 접속함으로써 사용자가 원하는 음악을 즉시 들을 수 있도록 해 주었다.

실패한 기술

음악 기술의 역사에서 등장한 모든 기술이 대중화되고 음악 제작과 청취에 영향을 주었던 것은 아니다. 등장한 많은 기술 중에는 실패한 기술들도 있다. 19세기가 끝나가던 무렵 발표된 텔하모니움(Telharmonium)이라는 악기는 최초의 신시사이저라 간주되는 장치였지만, 당시의 기술적인 한계 때문에 상업적으로 실패했다. 당시에는 증폭 장치의 중요한 소자인 진공관이 발명되기 이전이었기 때문에 텔하모니움은 너무 거대한 기계장치로 만들어질 수 밖에 없었다. 악기를 판매하는 것은 불가능했고, 대신 악기가 설치된 홀에서 콘서트를 열고 전화선을 통해 원거리에서 음악을 듣는 정도만 가능했다. 결과적으로 제작자는 파산하고, 만들어진 악기는 모두 고철로 처리되었다. 다만 이 악기에서 음향을 합성하기 위해 사용된 톤휠(tone-wheel) 기술은 1930년대 해먼드 오르간(Hammond Organ)에 소형화되어 적용되었고, 해먼드 오르간은 대중음악의 역사에 중요한 악기로 자리 잡았다.

가정용 입체음향 기술도 비슷한 길을 걸었다. 1950년대에 스테레오 음반이 보급되었고, 1970년대가 되면 대부분의 음반이 스테레오로 출시되었다. 이즈음에 4채널 음향 기술이 적용된 음반도 출시되었다. 청취자들은 모노 음반에서 스테레오 음반으로의 전환을 위해서 오디오 시스템을 새로 구입해야 했는데, 여기서 다시 4채널 음반을 위해서는 4개의 채널을 가진 앰프와 4개의 스피커를 새로 구입해야 했다. 더군다나 포맷이 표준화되지 않고 회사마다 독자적인 포맷을 고수했기 때문에 소비자는 혼란을 겪어야 했다. 결국 1980년대가 되면 4채널 음반은 더 이상 출시되지 않았다. 1990년대 들어 영상

매체인 DVD의 감상을 위한 5.1채널 시스템이 보급되면서, 이를 이용한 5.1채널 음반도 출시되었지만 마찬가지로 널리 보급되지는 못했다. 현재 소비자용 입체음향 기술은 멀티채널 시스템보다는 헤드폰을 이용한 바이노럴(binaural) 기술을 통해 다시 대중화를 시도하고 있다.

상업적으로는 실패했지만 기술 발전의 관점에서는 위의 사례들이 반드시 실패라고 볼 수는 없다. 선구자들의 기술을 발판 삼아 다음 시대의 기술자들이 시대에 적합한 새로운 기술을 개발할 수 있었다. 다만, 이러한 실패 사례들은 기술 혁신이 항상 상업적으로 성공하거나 사회의 변화로 이어지지는 않는다는 것을 보여 준다. 기술의 성숙도, 비용, 소비자의 필요, 그리고 대안적인 기술의 여부 등에 따라 새로운 기술이 채택되기도 하고 사라지기도 한다.

음악 인공지능 기술도 얼마 전까지는 실패한 기술로 간주될 수도 있었다. 하지만 최근의 기술 발전을 보면 이제는 인공지능이 적용된 여러 음악 기술들이 음악의 제작과 유통에 중요한 변화를 가져오고 있는 것으로 보인다.

참고문헌

박재록(2015). 『뮤직테크놀로지의 이해』. 음악세계.

박재록(2019). 음악 제작에 도입된 기술과 인공지능에 관한 역사적 관점에서의 고찰. ≪음악이론연구≫, 33권.

Chanan, M.(1995). Repeated takes: A short history of recording and its effects on music. London: Verso. 박기호 옮김(2005). 『음악 녹음의 역사: 에니슨에서 월드 뮤직까지』. 동문선.

02
음악 인공지능의 역사

음악은 예로부터 수학과 관련이 높은 예술 분야다. 인공지능이라는 용어가 사용되기 이전에도 알고리즘을 통해 음악을 만드는 많은 시도들이 있었다. 컴퓨터 기술이 발전하면서 다양한 접근 방식을 통해 음악 인공지능이 구현되었다. 초기에는 음악에 대한 전문적인 지식을 통한 지식 기반 시스템과 마르코프 모델이 사용되었다. 유전자의 진화 과정을 모방하는 유전 알고리즘도 음악 생성에 사용되었다.

자동으로 음악을 생성하기

인공지능이라는 용어가 처음 사용된 것은 1956년 전산학자이자 인지과학자인 존 매카시(J. McCarthy)가 주최한 다트머스 회의에서라고 널리 알려져 있다(Moor, 2006). 이 회의에서 발표된 제안서에는 "기계를 인간 행동의 지식에서와 같이 행동하게 만드는 것"으로 인공지능이라는 용어를 사용했다. 이 회의의 참석자들은 파편적으로 연구되던 여러 분야를 포괄하는 새로운 연구 분야에 중립적인 이름으로 인공지능이라는 용어를 사용하는 데 동의했다.

굳이 인공지능까지 가지 않더라도, 어떤 계산 가능한(Computational) 방법으로 음악을 만들려는 시도는 음악의 역사에서 꾸준히 있어 왔다. 음악은 예술의 여러 하위 분야 중에서 수학과 밀접하게 관련이 있어 왔던 예술 분야다. 우리가 사용하는 음표(note)는 간단히 숫자로 치환할 수 있으며, 음악은 이 숫자들의 여러 가지 가능한 조합 중의 하나로 볼 수 있다. 이러한 관점에서 유럽의 중세 시대 자유학예 중 4과(quadrvium)에는 수학, 기하학, 천문학과 함께 음악이 포함되어 있었다.

귀도 다레초(Guido d'Arezzo, 992~1050)의 『미클로구스(Micrologus)』에 소개된 오르가눔 작법이나, 모차

르트(W. A. Mozart, 1756~1791)의 주사위 음악, 쇤베르크(A. Schoenberg, 1874~1951)의 12음 기법도 음악에 대한 알고리즘적 접근으로 볼 수 있다(Fernandez & Vico, 2013). 마찬가지로, 인공지능에서 사용하는 여러 수학 이론, 특히 확률 이론도 음악의 작곡에 쉽게 적용이 가능하다.

컴퓨터를 이용한 알고리즘 혹은 인공지능을 이용한 작곡의 첫 사례로 자주 언급되는 것은 1957년 발표된 힐러와 아이작슨(L. A. Hiller & L. M. Isaacson)의 일리악 모음집(Illiac Suite)이다. 이들은 일리노이 대학교 어바나샴페인에 설치된 컴퓨터인 일리악을 이용하여 4개의 곡으로 된 모음집을 만들었다. 이때 사용된 알고리즘은 규칙 기반 방식과 마르코프 연쇄(markov chain) 방식이었다. 크세나키스(I. Xenakis)는 1960년대 초부터 컴퓨터를 사용하여 확률적 알고리즘과 마르코프 연쇄를 이용한 작품을 발표했다. 당시는 음악가들과 컴퓨터 과학자들 간의 소통이 단절된 경우가 많았기 때문에 연구의 연속성이 없었고, 바퀴를 재발명하는 것과 같은 일이 빈번했다(Fernandez & Vico, 2013).

지식 기반 시스템

지식 기반 시스템(knowledge-based systems) 혹은 규칙 기반 시스템(rule-based systems)은 특정 분야의 전문 지식으로 구성된 데이터에 기반한 추론으로 복잡한 문제를 해결하는 컴퓨터 시스템이다. 인공지능의 도입이 시도되는 다른 여러 분야와 마찬가지로, 음악 인공지능에서 지식 기반 시스템을 사용하는 것은 자연스러운 선택이다. 음악은 규칙과 제한 사항을 기반으로 만들어지기 때문에 여기에 대한 지식을 잘 정리하여 컴퓨터에 입력할 수 있다면, 컴퓨터를 이용하여 음악을 만들어 내는 것이 가능하다. 지식 기반 시스템을 이용한 프로젝트로 앞서 언급한 일리악 모음집의 첫 3곡이 있다. 엡지오울루(K. Ebcioglu)는 1988년 350가지의 규칙을 통해 바흐의 코랄 음악을 생성하는 인공지능 프로그램 코랄(CHORAL)을 발표했다. 하말로(Ramalho)와 가나시아(Ganascia)는 1994년 잠재적 행위라는 개념을 이용해 재즈 즉흥 연주를 실시간으로 생성하는 프로젝트를 발표했다.

지식 기반 시스템의 장점은 설명력이다(Papadopoulos & Wiggins, 1999). 현재 각광받는 딥러닝 기술의 문제점으로 지적되는 것 중의 하나가 인공지능이 내놓은 결과물에 대한 설명이 어렵다는 점이다. 인공신경망이 학습을 통해 자체적으로 만들어 내는 어떤 규칙이 왜 그렇게 만들어지고, 그 결과물이 어떻게 도출되었는지를 사람이 이해하는 것은 어렵다. 그에 반해, 지식 기반 시스템의 설명력은 큰 장점이다.

그러나 지식 기반 시스템으로 음악 인공지능에 필요한 모든 것이 해결되기에는 몇 가지 문제가 있다. 우선, 비록 음악의 작곡이 규칙에 기반하고 있음에도, 모든 규칙과 제약사항을 컴퓨터 코드로 기술하기가 어렵다는 점이다. 우리가 알고 있는 음악에 대한 지식 중 많은 부분은 교과서에 적혀 있지 않은 암묵지(tacit knowlegde) 형태로 되어 있다. 마이클 폴라니(Polanyi, 1958)가 제안한 암묵지라는 개념은 "할 줄은 알지만 말로 설명할 수 없는 지식과 능력"을 의미한다. 요한슨(Johannessen, 1988)은 암묵적 차원을 무시하는 지식 기반 시스템이 사용자를 현실과 멀어지게 하고 학습 과정 자체를 빈곤하게 만든다고 주장했다. 실제로 음악가들이 악기를 연주하면서 혹은 작곡가들이 음악을 작곡하면서 사용하는 지식 중 많은 부분이 암묵지에 해당하기 때문에, 이를 모두 조건문으로 구현하는 것은 쉽지 않은 일이다. 또한, 소수의 전문가의 능력에 의존한다는 점, 규칙 간의 충돌 문제 등이 단점으로 꼽힌다.

유전 알고리즘

유전 알고리즘은 생물학적 진화를 모방한 인공지능 알고리즘으로, 재생산과 진화, 경쟁, 선택의 주기를 반복하여 최적의 결과물을 도출하는 시스템이다. 재생산과 진화 과정에서 여러 가지 변형된 후보군이 생성되고, 평가와 선택의 과정을 반복해 최적화된 결과물이 만들어진다. 유전 알고리즘에서는 숫자들의 순차적인 집합을 유전자로 보고 유전자의 진화 과정을 모방하는 방식이기 때문에 음들의 수평적, 혹은 수직적 집합인 음악에 적용하기에 용이하다. 평가와 선택에서 중요한 부분은 최적화 함수인데 최적화 함수를 계산 가능한 함수(computational function)로 하는 경우와 사람이 직접 최적화에 개입하는 경우로 나눌 수 있다.

파파도풀로스와 위긴스(Papadopulos & Wiggins, 1999)는 주어진 화성 진행에서 재즈 선율을 진화시키기 위해 연속된 음정과 음의 길이 윤곽 등 여덟 가지의 특성을 평가하는 함수를 이용한 음악 생성 유전 알고리즘을 발표했다. 제이콥(Jacob, 1995), 호로비츠(Horowitz, 1994)는 다양한 후보군들을 사람이 직접 평가하는 방식으로 최적화를 진행했다. 사람이 직접 평가하는 경우는 사람이 직접 듣는 데 들어가는 시간 때문에 효율성에 문제가 있고 또한 그 평가가 주관적일 수밖에 없다는 문제점을 지적받았다.

유전 알고리즘을 사용한 유명한 예 중 하나는 디아스 헤레스(Diaz-Jerez)의 인공지능 프로그램 이아무스(Iamus)다. 여기에는 멜로믹스(Melomics)라는 유전 알고리즘이 사용되었다. 이아무스는 완전 자동화되어 스스로 최적화 과정을 거쳐 결과물을 생성할 수 있으며 관현악 총보 형태로 아방가르드 음악 스타일의 곡을 작곡했다. 이아무스가 만든 음악은 실제 관현악단 연주로 공연이 이루어지고 2012년 음반으로 발매되었으며, 이에 대한 뉴스도 유명 매체들에서 다루어졌다.

기계학습과 마르코프 모델

기계학습은 사람이 규칙을 생성하는 방식이 아닌 컴퓨터가 훈련을 통해 스스로 규칙을 생성하도록 하는 인공지능의 한 방법을 가리킨다. 즉, 사람이 정리하기에는 복잡하고 모호한 규칙이 많은 경우 기계학습 방식이 유용할 수 있다. 사람이 할 수 있는 많은 것들이 기계학습 방법을 통해 구현될 수 있으며, 음악과 관련된 작업들도 그렇다.

기계학습에는 여러 가지 알고리즘이 사용되는데, 그 중에서도 마르코프 모델은 컴퓨터를 이용한 음악 작곡의 초기에서부터 널리 사용되어 온 방식이다. 마르코프 연쇄는 이전의 상태(n-1 state)를 통해 다음 상태(n state)를 추론하는 것이다. 기존 데이터를 통해 학습 과정을 거쳐 이전 상태에서 다음 상태로의 확률이 결정된다. 마르코프 모델은 음악의 선율처럼 순서가 있고, 선율을 이루는 각 음들이 유기적인 관계를 가지는 경우에 적합하며, 음악과 유사하게 순서와 문맥이 중요한 음성 인식 분야에서도 오랫동안 사용되었다.

최초의 알고리즘 음악 작품으로 자주 언급되는 힐러와 아이작슨의 일리악 모음집의 마지막 곡도 마르코프 연쇄 방식을 이용하였으며, 크세나키스도 여러 작품에서 다양한 추론 통계적 방식과 함께 마르코프 연쇄 알고리즘을 이용하여 음악을 생성했다. 해리 올슨(Harry Olson)은 마르코프 알고리즘으로 대중음악의 선율을 학습시켜 선율을 작곡하는 기계를 개발하여 발표하기도 했다(Fernandez & Vico, 2013).

마르코프 모델을 이용한 기계학습의 장점 중 하나는 개념적으로 단순하고 구현도 상대적으로 쉬우며, 적은 양의 데이터를 통해서도 훈련이 가능하다는 것이다(Briot, 2020). 한 단계 이전 상태만을 고려하는 단순한 알고리즘의 경우 컴퓨터의 용량과 속도만 따라 준다면 엄청나게 많은 양의 데이터를 빠른 시간 안에 학습하고 스스로 규칙을 만들어 나갈 수 있다. 그러나 마르코프 연쇄를 통한 시스템도 한계점을 가지고 있다.

단 한 개의 이전 상태만을 고려하는 1차 마르코프 모델의 경우 장기적인 변화 구조를 반영하지 못한다. 더 여러 개의 이전 상태를 고려하는 n차 마르코프 모델에서는 계산량이 기하급수적으로 증가하기 때문에 모델을 훈련시키는 데 한계가 있다. 낮은 n차 마르코프 체인은 음악적이지 않은 결과를 생성했고, 높은 n차 마르코프 체인은 계산 비용이 너무 높고 결과물에서 표절 같은 과도한 유사성이 나타났다(Fernandez & Vico, 2013).

이러한 한계를 극복하고 뛰어난 성능을 보여 주는 기계학습 방법으로 주목받은 것은 인공지능 기술에서 한동안 잊혀 있던 인공신경망 기술이었다.

참고문헌

Briot, J. P., et al.(2020). *Deep Learning Techniques for Music Generation*. Springer Nature Switzerland.

Fernandez, J. D. & Vico, F.(2013). AI Methods in Algorithmic Composition: A Comprehensive Survey. *Journal of Artificial Intelligence Research*, 48, pp.513–582.

Horowitz, M. D.(1994). Generating rhythms with genetic algorithms. In Proceedings of the AAAI National Conference on Artificial intelligence, Menlo Park.

Jacob, B. L.(1995). Composing with genetic algorithms. In Proceedings of the International Computer Music Conference.

Johannessen, K. S.(1988). Rule following and tacit knowledge. *AI & Society*, 2, pp.287–301.

Moor, J.(2006). The Dartmouth College Artificial Intelligence Conference: The Next Fifty Years. *AI Magazine*, 27(4), pp.87–91.

Papadopoulos, G. & Wiggins, G.(1999). AI Methods for Algorithmic Composition: A Survey, a Critical-View and Future Prospects. *AISB Symposium on Musical Creativity*.

Polanyi, M.(1958). *Personal Knowledge: Towards a Post-Critical Philosophy*. University of Chicago Press.

03
딥러닝 인공지능 기술

딥러닝은 기계학습의 한 종류로, 인공신경망을 기반으로 하여 데이터 전처리를 최소화하면서도 복잡한 패턴을 학습할 수 있는 기술이다. 음악 인공지능에서 사용되는 주요 딥러닝 아키텍처로는 컨볼루션 신경망(CNN), LSTM, 적대적 생성 신경망(GAN), 자동인코더(AE), 그리고 트랜스포머(Transformer)가 있다. 각 아키텍처는 각기 다른 데이터 유형과 목적에 맞게 활용되며 다양한 아키텍처들이 조합되어 사용되기도 한다.

인공신경망과 딥러닝

딥러닝은 기계학습 방법의 일종으로, 현대 인공지능 기술의 핵심이라 할 수 있다. 인공신경망(Artificial Neural Network)은 딥러닝의 기반 기술이며 핵심이라 할 수 있다. 인공신경망은 1943년 매컬러와 피츠(McCulloch & Pitts)의 연구에서 시작된 인간 두뇌의 신경망을 컴퓨터로 모델링하는 기법이다.

인공신경망은 여러 개의 뉴런(neuron)으로 구성되어 있는데 각각의 뉴런은 입력값을 받아서 이 값에 가중치(weight)를 곱하고 바이어스(bias)를 더한 후 활성화 함수를 통과시켜 출력을 생성한다. 이때 입력은 앞 층(layer)의 여러 입력값을 받을 수 있으며, 각각의 입력에 다른 가중치가 적용될 수 있다. 아주 간단하게 표현하자면 어떤 입력값이 중요하고 어떤 입력값이 중요하지 않은지에 따라 가중치를 다르게 적용하여, 중요한 입력값에 따라 출력값이 달라지게 하는 것이다. 이렇게 여러 입력값에 대한 다른 가중치를 적용한 계산의 결괏값을 모두 합산한 다음, 활성화 함수를 거쳐 다음 층의 뉴런으로 전달하게 된다. 뉴런은 인공신경망 모델의 핵심 구성 요소로, 반복되는 학습 과정에서 최적의 결과를 도출할 수 있는 가중치 값으로 조절된다.

일반적으로 딥러닝은 인공신경망의 입력층과 출력층 사이의 은닉층(hidden layer)이 여러 개로 구성되어 있는 다층신경망 방식을 가리킨다(Lopez, 2022). 딥러닝은 단순한 인공신경망 방식에서는 불가능했던 매우 복잡한 함수를 학습할 수 있다.

기존의 기계학습과 딥러닝의 가장 큰 차이 중 하나는 데이터 전처리의 필요성이다. 단순한 기계학습의 경우, 기본적으로 신중한 엔지니어링과 해당 분야에 대한 전문 지식을 통해 특징 추출(feature extraction) 과정을 거친 데이터를 통해 학습하는 것인 데 반해, 딥러닝에서는 이런 전처리 과정을 단순화하거나 생략하여도 잘 작동한다(Lecun et al., 2015). 또 딥러닝은 단순히 이미지의 픽셀만을 입력해도 이미지의 인식이 가능하고 자연어의 이해, 주제 분류, 번역에서 뛰어난 성능을 보여 주었다. 마찬가지로 음성의 인식과 생성, 음악의 생성에서도 뛰어난 성능은 부여 주며 가장 유망한 인공지능 알고리즘으로 현재 활용되고 있다.

딥러닝 아키텍처

딥러닝은 단일한 하나의 기술이라기보다는 다양한 인공신경망 아키텍처와 학습 방법을 포함하는 포괄적인 접근 방식이라 할 수 있다. 단순한 심층 순방향 신경망(D-FFNN, Deep Feedforward Neural Networks)으로는 많은 한계점이 있기 때문에, 이를 변형한 다양한 딥러닝 아키텍처가 제안되고 적용되고 있다. 왕 등(Wang et al., 2024)의 서베이 연구에 따르면 음악 생성 분야에서 시도되는 주요 인공신경망 아키텍처는 아래와 같다.

컨볼루션(Convolution)은 두 개의 함수를 합성하여 새로운 함수를 만드는, 혹은 두 개의 신호를 합성하여 새로운 신호를 얻는 방법 중 하나다. 이미지 처리에서는 블러 효과를 적용하기 위해 사용되기도 하고, 오디오 처리에서는 잔향 효과를 적용하기 위해 사용되기도 한다. 컨볼루션 신경망(Convolution Neural Networks)은 주로 이미지 데이터를 학습하는 데 사용되는데, 오디오의 경우에는 오디오 데이터를 2차원 스펙트로그램으로 변환한 다음 마치 이미지를 처리하듯이 적용하게 된다. 문제는 음악 데이터는 시계열 특징을 가지기 때문에 긴 시간의 오디오를 처리하는 것은 상대적으로 어렵다는 점이다. 이 때문에 확장 컨볼루션이나 LSTM(Long Short-Term Memory) 네트워크를 이용하여 이를 보완한다. 컨볼루션 신경망을 활용한 예로 구글의 웨이브넷(WaveNet)(Oord et al., 2016), 코코넷(Coconet)(Huang et al., 2019) 등이 있다.

LSTM은 순환 신경망(Recurrent Neural Networks)의 일종으로 시계열 데이터나 순차 데이터를 처리하고 예측하는 데 유용하다. 순환 신경망은 시계열 처리를 위한 신경망의 한 종류로 입력 데이터의 순서를 고려하여 이전의 상태를 기억하고 이를 기반으로 현재 상태를 결정하는 구조를 가지고 있다. 이는 자연어 처리, 시계열 예측과 같은 분야에서 유용하며 오디오 데이터를 처리하기에 적합하다. 그러나 순환 신경망도 긴 길이의 데이터를 처리하는 데 여전히 문제가 있을 수 있으며 LSTM 등의 기법을 통해 장시간 의존성 문제를 완화한다. 순환 신경망을 활용한 예로는 멜로디RNN(MelodyRNN)(Waite, 2016), 딥바흐(DeepBach)(Hadjeres et al., 2017) 등이 있다.

적대적 생성 신경망(Generative Adversarial Networks)은 생성자(Generator)와 판별자(Discriminator)라는 두 개의 네트워크를 동시에 훈련시켜, 두 네트워크가 서로 적대적으로 경쟁하게 하고 판별자가 실제 데이터와 생성된 데이터를 구분하지 못하면 최적의 결과로 판단하는 기법이다. 제안자인 이언 굿펠로(Goodfellow, 2015)는 이를 경찰과 위조지폐범의 예시를 들어 설명하고 있다. 이 모델은 이미지나 텍스트를 사람이 쓴 것처럼 그럴듯하게 생성하는 방법으로 주로 사용되는데 음악도 마찬가지로 실제와 유사한 결과물을 생성하기 위해 사용될 수 있다. 적대적 생성 신경망을 활용한 예로는 미디넷(MidiNet)(Yang, 2017), 재즈간(JazzGAN)(Trieu & Keller, 2018) 등이 있다.

자동인코더(Autoencoder)는 일반적으로 인코더에서 많은 입력을 작은 차원으로 압축하고 다시 디코더를 이용하여 출력을 생성하는 방식이다. 가변 자동인코더(Variational Autoencoder)는 적대적 생성 신경망과 같은 생성형 모델들과 같이 현실과 비슷한 데이터를 만들어 내는 것을 목적으로 하며, 다성 음악의 피치와 음량, 악기 정보를 분석하고 생성하는 데 사용될 수 있다. 가변 자동인코더를 활용한 예로는 미디VAE(MIDI-VAE)(Brunner et al., 2018), 뮤직VAE(MusicVAE)(Roberts et al., 2018) 등이 있다.

트랜스포머(Transformer)는 바스와니 등(Vaswani et al., 2017) 구글의 연구자들이 제안한 번역 모델로 기본적으로 주의(attention) 메커니즘을 강조한 모델이다. 이 아키텍처는 순환신경망보다 장기 의존성 문제를 더 잘 해결하고 타이밍의 긴 연속성을 유지하는 작업에서 큰 성과를 거두었다. 다만 음악 생성 작업에서 이 모델의 실행 가능성은 제한적이다. 따라서 다른 아키텍처와 결합하여 구현되는 경우가 많다. 트랜스포머 아키텍처를 활용한 예로 오픈AI의 뮤즈넷(MuseNet)(Payne, 2019) 등이 있다.

딥러닝 아키텍처는 단독으로 사용되기도 하지만 복합적으로 사용되기도 한다. 딥러닝의 아키텍처는 레고를 조립하듯 여러 아키텍처를 조합하여 사용될 수 있는 유연성을 제공한다. 위의 예에서도 실제로 다양한 아키텍처들이 조합되어 음악 데이터나 음악 오디오를 생성하는 데 사용된다.

참고문헌

Brunner, G., et al.(2018). MIDI-VAE: Modeling dynamics and instrumentation of music with applications to style transfer. arXiv:1809.07600.

Goodfellow, I. J.(2015). On distinguishability criteria for estimating generative models. arXiv:1412.6515.

Hadjeres G., et al.(2017). DeepBach: a steerable model for bach chorales generation. In: International conference on machine learning, 119-127.

Huang, C. Z. A.,et al.(2019). Counterpoint by convolution. arXiv:1903.07227.

Lecun, Y., et al.(2015). Deep learning. *Nature*, 521(7553), pp.436-444.

Montesinos Lopez, O.A., et al.(2022). Fundamentals of Artificial Neural Networks and Deep Learning. In: *Multivariate Statistical Machine Learning Methods for Genomic Prediction*. Springer, Cham.

Oord, A. V. D., et al.(2016). Wavenet: A generative model for raw audio. arXiv:1609.03499.

Payne, C.(2019) MuseNet. OpenAI Blog. https://openai.com/blog/musenet/. Accessed 6 Aug 2024.

Roberts, A., et al.(2018). A hierarchical latent vector model for learning long-term structure in music. In *International conference on machine learning*, 4364-4373.

Schmidhuber, J.(2014). Deep learning in neural networks: An overview. *Neural Networks*, 61, pp.85 – 117.

Trieu, N. & Keller, R.(2018). JazzGAN: Improvising with generative adversarial networks. In MUME workshop.

Vaswani, A., et al.(2017). Attention is All you Need. *Advances in Neural Information Processing Systems*, 30.

Waite, E.(2016) Generating Long-Term Structure in Songs and Stories. Megenta Blog. https://magenta.tensorflow.org/2016/07/15/lookback-rnn-attention-rnn. Accessed 6 Aug 2024.

Wang, L., et al.(2024). A review of intelligent music generation systems. Neural Computing and Applications, 36(12), pp.6381 – 6401.

Yang, L. C., et al.(2017). MidiNet: A convolutional generative adversarial network for symbolic-domain music generation. arXiv:1703.10847.

04
작곡 인공지능

작곡의 결과물은 악보와 음향으로 만들어질 수 있다. 악보는 음악을 기호화하여 표현하는 방식으로 디지털에서는 미디(MIDI)가 악보의 역할을 한다. 미디나 다른 기호화된 음악은 용량이 작기 때문에 기계학습의 데이터로 사용하기에 용이하다. 디지털 오디오는 미디에 비해 용량이 매우 크기 때문에 기계학습을 위해서는 더 많은 컴퓨팅 파워가 필요하다.

작곡의 두 가지 결과물

전통적으로 서양음악의 역사에서 작곡이란 악보에 음악을 기보하는 것으로 완성된다. 악보에는 음악적 정보가 기호로 기록되며, 가사가 있는 노래의 경우 가사도 기록된다. 악보로 고정된 음악이 실제 음향으로 들려지기 위해서는 연주자가 악보를 보고 해석을 하여 목소리나 악기를 통해 소리로 만들어야 한다.

녹음 초기 시대의 음반은 악보로 출판된 음악을 연주하여 만들어지는 경우가 많았다. 반면 녹음 기술이 보급되면서 악보화되지 않은 많은 민속 음악들이나 즉흥연주가 녹음되어 음반으로 나오기 시작했다. 음반이 대중화되면서 오리지널 음악이 녹음되어 출시되는 것이 보편화되었다. 현대의 많은 대중음악은 악보화의 과정을 거치지 않고 바로 녹음되거나 컴퓨터를 통해 음원으로 만들어진다.

작곡의 결과물은 이렇게 악보와 같은 기호화된 형태로 완성될 수도 있고 혹은 악보를 거치지 않고 바로 음향으로 만들어질 수도 있다. 음악 인공지능에서도 음악의 표현은 기호화된 형태와 음향 두 가지로 나눌 수 있다 (Wang et al., 2024). 여기서도 작곡 인공지능에 관해 기호화된 음악과 음향으로 나누어서 알아볼 것이다.

기호화된 음악 생성

악보는 일반적으로 많이 이용되는 음악의 기호화 방식이다. 종이 악보는 훈련된 사람에게는 직관적으로 이해될 수 있지만, 기계가 이해하고 처리하기에는 복잡한 구조를 가지고 있다. 악보를 디지털 정보로 변환하기 위해 이를 기계학습 모델에 맞게 전처리하는 과정은 복잡하고 소모적이다. 따라서 많은 음악 인공지능은 디지털 방식의 기호화된 음악 포맷을 이용하여 학습하고 결과를 출력한다.

미디(MIDI)는 음악 정보를 디지털 기호화한 것으로, 1980년대 이후로 현재까지도 가장 널리 이용되는 음악의 디지털 기호다. 미디 데이터는 디지털 오디오 데이터에 비해 크기가 매우 작다. 기존의 많은 음악이 미디로 변환되어 공개되어 있기 때문에 학습을 위한 데이터를 수집하기에 용이하다. 따라서 기호화된 음악을 생성하는 프로젝트는 미디 데이터를 학습하고 미디 데이터를 출력하는 경우가 많다.

미디 이외에도 피아노 롤(piano roll)이나 ABC 표기법이 사용되기도 한다. 피아노 롤은 자동 연주 피아노를 위한 특수한 악보의 형태를 따라 만들어진 시각적인 음악 표현 방법으로, 작곡을 위해 사용되는 컴퓨터 미디 시퀀서에서 음악적 데이터를 시각화하는 데 많이 사용되는 방식이다. ABC 표기법은 선율을 텍스트로 인코딩하는 방법으로 간결하고 읽기 쉽다는 것이 장점이지만, 단선율 표현에 적합하고 다성 음악을 인코딩하는 데는 적합하지 않다.

클래식 음악부터 최신 대중음악까지 다양한 음악을 포함한 미디 데이터세트가 공개되어 연구에 사용되고 있다. 유명한 데이터세트로는 라크 미디(Lakh MIDI), JSB-코랄(JSB-Chorales), 그루브 비디 데이터세트(GMD), 마에스트로(MAESTRO) 등이 있다. 라크 미디 데이터세트는 17만여 개의 미디 파일을 포함하고 있으며 다양한 장르와 스타일의 음악을 포함하고 있다. JSB-코랄의 경우 요한 세바스찬 바흐의 합창곡들로 구성된 데이터세트다. 그루브 미디 데이터세트는 드럼 연주 음원과 미디 데이터를 함께 포함하고 있으며, 마에스트로 데이터세트도 피아노 연주 음원과 미디 데이터를 함께 포함하고 있다.

이렇게 음악 정보를 기호화시켜 표현하면 음악 정보를 아주 작은 양의 데이터로 축소하는 것이 가능하기 때문에, 대량의 음악을 학습해야 하는 기계학습 모델에서 유용하다. 하지만 실제 음악이 가지고 있는 많은 부분이 생략되어 있기 때문에, 이를 통해 생성된 데이터도 여전히 전문가의 손을 거쳐 오디오로 변환하는 과정이 필요한 데이터라는 점에서 완전히 자동화된 음악 제작이라고 보기는 어렵다.

연구 프로젝트나 실험적 모델이 아닌 일반 음악인들이 사용할 수 있는 작곡 인공지능 서비스로는 에이바(AIVA), 앰퍼뮤직(Amper Music) 등이 있다. 에이바는 2016년에 설립되었으며 초창기에는 관현악곡과 같은 클래식 음악 스타일의 음악을 생성하는 데 특화되어 있었다. 나중에는 다양한 대중음악 스타일의 음악도 생성할 수 있도록 업데이트되었다. 생성된 음악은 기본적으로 미디 데이터이기 때문에 소프트웨어 악기를 통해 연주되는 음향을 들을 수 있으며, 이 음악을 제대로 활용하기 위해서는 미디 음악 전문가의 손이 필요하다.

음원 스트리밍 사이트에서 2016년에 공개된 에이바의 음악을 들어 볼 수 있다. 개인적인 감상으로는 이 초창기 음악들은 전문적인 인간 작곡가가 만들었다고 보기에 어려운 부자연스러운 음악이었다. 지속적으로 알고리즘을 개선하고 있기 때문에 현재는 이보다는 나은 결과물을 출력해 주고 있다. 출력된 미디 데이터는 다시 사람의 손을 거쳐 다듬어져야 할 필요가 있지만 다음에 소개할 오디오 생성에 비하면 오히려 사람이 의도에 따라 수정할 수 있다는 점에서 더 유용할 수도 있다.

음원 생성

미디와 같은 기호화된 음악 데이터가 아닌 음원이 출력되는 생성형 음악 인공지능도 있다. 이 경우는 학습에서도 오디오 데이터를 사용해야 한다. 음악 오디오 데이터의 양은 미디 데이터에 비해 용량이 아주 크다. 미디 데이터는 한 곡이 수십 킬로바이트(KB) 정도인 데 반해, 오디오 데이터는 5분 길이의 무압축 스테레오 파일의 용량이 50메가바이트(MB) 정도 된다. 압축을 한다고 해도 학습을 위해서는 다시 압축을 해제해야 하기 때문에 학습 데이터의 용량이 큰 것은 변하지 않는다. 샘플링 레이트(sampling rate)를 낮추거나 비트 뎁스(bit depth)를 낮추는 방법은 오디오의 품질이 확연히 낮아지기 때문에 한계가 있을 수밖에 없다. 따라서 오디오 데이터를 이용해서 학습을 하기 위해서는 미디 데이터를 통한 학습에 비해 훨씬 많은 컴퓨팅 파워를 필요로 한다. 이러한 이유로 초기의 오디오를 기반으로 한 작곡 인공지능은 길이가 짧고 낮은 퀄리티의 오디오를 생성하는 경우가 대부분이었다.

긴 길이의 일관성 있는 고품질 오디오를 생성하는 것은 오랫동안 어려운 일이었다. 오픈AI의 주크박스(Jukebox)(Dhariwal et al., 2020)는 음악적 품질, 오디오 샘플의 길이, 그리고 아티스트와 장르, 가사에 따른 조절 능력에서 큰 발전을 이루었지만 사람이 만드는 음악과는 상당한 격차가 있었다. 구글의 오디오LM(AudioLM)(Borsos et al., 2022)은 비교적 깔끔한 고품질의 음성과 피아노 음악 오디오를 생성했다. 2023년 초에 공개된 구글의 뮤직LM(MusicLM)(Agostinelli et al., 2023)은 오디오LM을 기반으로 발전시킨 모델이었다.

뮤직LM은 자연어 설명을 기반으로 음악을 생성하는 모델이다. 연구자들은 자연스러운 텍스트 설명에 따라 생성된 다양한 장르의 음악을 공개했다. 다만 출력되는 오디오는 일반적인 음악 오디오에서 사용하는 44.1킬로헤르츠(kHz)나 48킬로헤르츠가 아닌 24킬로헤르츠의 샘플링 레이트로 되어 있기 때문에 오디오의 품질이 좋다고 할 수는 없었다. 구글은 이 모델로 만든 음악들과 함께 공개한 백서에서 "창작 콘텐츠의 잠재적 도용 위험을 인지하고 있으며, 이러한 위험을 해결하기 위해 더 많은 연구가 필요함"을 강조하면서 모델을 출시할 계획이 없다고 밝혔다.

수노(Suno)는 2023년 말에 서비스를 시작한 음악 생성 인공지능 서비스로 보컬을 포함한 대중음악 스타일의 음악을 생성해 주는 인공지능이다. 구글의 뮤직LM과 유사하게 자연스러운 텍스트로 음악에 대한 설명을 입력하면 간단하게 다양한 대중음악 스타일의 음악을 생성해 낸다. 2024년 4월에 공개된 유디오(Udio)도 수노와 유사한 음악 오디오 생성 인공지능 서비스다. 수노나 유디오에서 만들어지는 결과물은 이전의 미디를 기반으로 한 인공지능에 비해 훨씬 자연스럽게 들리는 음악을 생성해 준다.

물론 세부적으로 음향적으로나 음악적으로 부자연스러운 부분들이 나타나고 있어, 잘 들어 보면 전문 음악가의 작업과는 쉽게 구분할 수 있지만, 기술의 발전 속도를 고려하면 머지않아 전문 음악가의 작업과 구분이 어려운 음원을 출력할 수도 있을 것으로 예상된다. 사실 수노와 유디오의 결과물은 현재의 상태에서도 충분히 작곡가나 프로듀서에게 위협적이다. 특히 전통적인 편곡과 코드를 기반으로 작업하는 초보 음악가들에게는 특히나 더 위협적일 것이다.

다만 이런 생성형 인공지능에서는 특히 모델의 학습에 사용된 데이터의 저작권에 대한 문제가 중요한 쟁점으로 제기되고 있다. 세계적인 3대 음반사인 유니버설 뮤직 그룹, 소니 뮤직 엔터테인먼트, 워너 레코드에서 수노와 유디오를 상대로 자사의 음반을 인공지능 모델의 훈련에 사용했다고 주장하며 소송을 제기했다. 수노는 인공지능을 훈련하는 데 사용된 데이터세트를 공개하지 않으면서 표절이나 저작권 문제로부터 안전하다고 주장하고 있지만(박찬, 2024), 음반사들은 이런 주장을 반박하면서 데이터를 공개해야 한다고 압박하고 있다. 만약 음반사들이 승소한다면 음원을 생성하는 작곡 인공지능의 상용화는 어느 정도 정체될 수밖에 없을 것이다.

참고문헌

박찬(2024). 글로벌 3대 음반사, 생성 AI 음악 업체 수노·유디오에 대규모 저작권 소송. AI타임스. https://www.aitimes.com/news/articleView.html?idxno=160976

Agostinelli, A., et al.(2023). MusicLM: Generating Music From Text. arXiv:2301.11325

Borsos, Z., et al.(2022). Audiolm: a language modeling approach to audio generation. arXiv:2209.03143.

Dhariwal, P., et al.(2020). Jukebox: A generative model for music. arXiv:2005.00341.

Wang, L., et al.(2024). A review of intelligent music generation systems. *Neural Computing and Applications*, 36(12), pp.6381 – 6401.

05
작곡 보조 인공지능

현대 대중음악에서 작곡 과정은 여러 전문가의 협업에 의한 분업화된 구조를 가지고 있다. 인공지능은 이 과정에서 또 다른 협업자 혹은 보조자의 역할을 할 수 있다. 선율, 리듬, 반주 생성 등 다양한 역할에 특화된 모델들이 개발되었으며 음악가들이 쉽게 사용할 수 있도록 상용화되고 있다.

창작 과정의 분업

작곡을 하기 위해서는 일반적으로 코드 진행, 리듬, 악기에 대한 지식 등 다양한 음악 이론에 대한 경험과 지식이 필요하다. 가사가 있는 노래의 경우에는 따로 작사가가 가사를 담당한다. 오페라나 뮤지컬의 경우에는 작곡가와 극작가의 협력 관계가 중요하다. 20세기 들어서는 편곡을 전문적으로 담당하는 편곡자의 중요성이 커졌다. 현대의 대중음악, 특히 힙합과 일렉트로닉 댄스 음악에서는 선율과 가사를 담당하는 톱라이너(top-liner)와 반주와 편곡을 담당하는 프로듀서 혹은 트랙 메이커(track maker), 비트 메이커(beat maker)라는 새로운 용어를 사용하기도 한다. 현대 대중음악에서 하나의 노래를 만드는 데 여러 명의 전문가가 협업하는 것은 흔한 일이 되었다.

상용화된 인공지능 모델이나 실험적인 인공지능 모델들은 완전하게 작곡된 음악을 생성하는 것들도 있지만, 선율만을 생성하거나, 만들어진 선율에 화음이나 반주를 추가하는 등 작곡 과정의 일부 작업에 특화된 경우들이 많다. 왕 등(Wang et al., 2024)의 서베이 연구에서의 분류에 따르면 멜로디RNN(MelodyRNN), 미디넷(MidiNet), 재즈GAN(JazzGAN), 뮤직AVE(MusicAVE), 뮤즈

AE(MuseAE) 등의 모델이 선율 생성에 특화된 모델이며, 딥바흐(Deep-Bach), 아마데우스(Amadeus), 뮤즈GAN(MuseGAN), 주크박스(Jukebox), 뮤즈넷(MuseNet) 등의 모델은 편곡 분야에 특화된 모델이다. 사이클GAN(CycleGAN), 미디VAE(MIDI-VAE), MG-VAE 등의 모델은 전통적인 편곡에 가까운 작곡 스타일 변환에 특화된 모델이다.

AI 송 콘테스트

황 등(Huang et al., 2020)의 연구는 인간과 인공지능이 협업하여 음악을 제작하는 데 인사이트를 제공해 준다. 이 연구는 2020년 초 브이프로(VPRO)가 주최한 AI 송 콘테스트(AI Song Constest)에서 진행된 과정의 일부로 수행되었다. AI 송 콘테스트는 첫 대회였던 2020년 이후 매년 개최되고 있으며, 이와 유사한 경연대회가 이후로 세계 각국에서 열리고 있다. AI 송 콘테스트에서 참가팀은 여러 가지 음악 인공지능 모델들을 자유롭게 활용하여 노래를 만들 수 있었다. 노래의 길이는 3분 이내여야 했으며 최종 결과물은 오디오 파일로 제출해야 했다. 콘테스트에는 13개 팀 61명이 참가했으며 대부분의 팀은 숙련된 음악가를 보유하고 있었다. 각 팀은 각자의 방법으로 뮤직VAE(MusicVAE), 코코넷(Coconet), 샘플RNN(SampleRNN), 지피티-2(GPT-2) 등 다양한 음악 인공지능 모델을 사용하여 음악을 제작했다.

이 연구의 마지막에는 참가자들이 설문조사를 통해 자신의 경험을 진술한 것들을 정리해 놓았다. 참가자들은 인간 음악가와 함께 작업하는 방식과 유사하게 모델의 결과물이 인간의 작곡에 영향을 주거나 반대로 인간의 작곡이 모델에 영향을 주는 방식으로 음악을 만들었다고 진술했다.

이 연구에서는 음악 인공지능의 한계를 다음과 같이 정리했다. 우선, 기계학습의 확률적 특성으로 인해 결과를 예측하고 세밀하게 조정하기가 어렵다는 점이다. 이 부분은 일반적으로 현재의 인공지능의 한계로 자주 언급되는 문제와 유사하다. 또 다른 한계점으로는 AI가 음악의 전체 구조를 잘 인식하지 못해, 버스(verse)와 코러스(chorus) 부분을 따로 작업해야 했다는 것이다. 이는 대부분의 모델들이 독특한 곡 형식을 가진 음악의 특성을 제대로 반영하는 능력이 부족했다는 것을 보여 준다.

상용화된 작곡 보조 인공지능

사용자가 코드와 템포, 음악 스타일을 입력하면 그에 따라 자동으로 반주를 생성해 주는 오래된 소프트웨어로 밴드인어박스(Band-in-a-Box)가 있다. 이 소프트웨어는 1990년에 최초로 출시되었으며, 현재까지도 새로운 버전이 지속적으로 출시되고 있다. 일반적으로 이 소프트웨어는 인공지능으로 간주되지는 않으며, 자동 반주 생성 기술로 간주되지만, 작곡을 보조하는 낮은 수준의 인공지능으로 간주할 수도 있다.

2024년 현재 코드 진행을 생성해 주거나, 코드 진행에 따라 선율이나 화음 반주, 리듬 트랙 등을 생성해 주는 다양한 상용 작곡 보조 인공지능 프로그램과 서비스가 등장했다. 전문적인 미디 시퀀서이자 디지털 오디오 워크스테이션(DAW) 중 하나인 애플사의 로직 프로(Logic Pro)에서도 2024년 5월 업데이트에서 새로운 작곡 보조 기능을 추가했다. 세션 플레이어(Session Players)라는 이 기능은 사용자가 입력한 코드 진행에 따라 자동으로 베이스와 키보드 반주를 생성해 준다. 애플은 내부적으로 어떤 알고리즘을 이용했는지를 구체적으로 밝히지 않았지만 자체 공식 뉴스에서 이 기능이 AI 기반이라고 밝혔다(Apple, 2024).

다만 이 세션 플레이어라는 기능은 낮은 수준의 인공지능인 밴드인어박스와 큰 차이가 없는 수준의 기능을 제공하고 있어, 사용자의 세밀한 조정이 어렵고, 다양한 혹은 창의적으로 보이는 결과를 생성해 주지는 않는 것으로 보인다. 다만 애플이 개최하는 애플 세계 개발자 회의(Apple WorldWide Developer Conference)의 2024년 발표에서 중점을 두었던 애플 인텔리전스(Apple Intelligence)와 이 기능이 연동되고, 향후 기능이 개선된다면 보다 높은 수준의 작곡 보조 인공지능으로 발전될 가능성은 열려 있다.

현재까지의 상황만을 보면 이런 작곡 보조 기능은 초보자에게는 어려울 수 있지만, 어느 정도 음악적 지식이 있고 컴퓨터를 통한 음악 작업에 지식이 있는 음악가들에게는 유용하게 사용될 수 있다. 이 새로운 도구가 앞으로 얼마나 더 발전하고, 얼마나 활용될지, 그리고 다른 유사한 DAW에서 향후 어떤 식으로 도입이 될지 지켜볼 필요가 있을 것이다.

작곡 보조 인공지능은 실제 음악 제작에서 보편화될 가능성이 높을 것이다. 창의성은 본질적으로 주관적인 개념이기는 하지만, 이러한 보조 기능을 이용한 작곡에서 창의성은 여전히 인간 음악가의 손에 달려 있다고 할 수 있다. 그렇다고 하더라도 작곡 보조 인공지능의 도움을 받아 만들어진 음악에 대한 창의성에 대해서 논란의 여지는 있다. 이러한 현상을 컴퓨터에 의한 인간 대체의 또 하나의 사례라기보다는, 작곡가의 작업 수행 방식에 근본적인 변화를 가져올 수 있는 잠재적인 혁신으로 보아야 한다는 관점(Fernandez & Vico, 2013)도 있다. 하지만 한편으로는 현재의 분업화된 대중음악의 작곡 과정에서는 그러한 혁신으로 인해 인간 음악가의 역할이 일부 인공지능으로 대체되는 것은 필연적이라 볼 수 있다.

참고문헌

Apple(2024). Logic Pro takes music-making to the next level with new AI features. Apple Newsroom. https://www.apple.com/newsroom/2024/05/logic-pro-takes-music-making-to-the-next-level-with-new-ai-features/

Fernandez, J. D., & Vico, F.(2013). AI Methods in Algorithmic Composition: A Comprehensive Survey. *Journal of Artificial Intelligence Research*, 48, pp.513 – 582.

Huang, C.-Z. A., et al.(2020). AI Song Contest: Human-AI Co-Creation in Songwriting. arXiv:2010.05388

Wang, L., et al.(2024). A review of intelligent music generation systems. Neural Computing and Applications, 36(12), pp.6381 – 6401.

06
보컬 연주 인공지능

음악 기술의 발전으로 음악 제작 환경에서 악기 연주자는 점차 기계로 대체되었다. 최근에는 인공지능 기술을 통해 가수도 대체될 수 있게 되었다. 딥러닝 이전의 부자연스러운 보컬을 생성하는 기술은 하츠네 미쿠와 같은 캐릭터를 통한 마케팅과 함께 새로운 창작 문화를 만들어 냈다. 딥러닝의 도입으로 더욱 자연스러운 보컬 합성 기술이 상용화되고 있다.

노래하는 기계

악기 연주자는 20세기 이후 음악 기술 발전의 역사에서 일종의 피해자였다. 무그(Moog) 신시사이저의 개발자인 무그 박사는 신시사이저를 개발한 이유가 실제 악기를 모방하는 것이 아닌, 새로운 소리를 만들기 위한 것이라고 이야기했다(Stearns, 2005). 그러나 이후 신시사이저와 샘플러 등의 전자악기는 실제 악기 연주자를 대체할 수 있도록 발전되었다. 현실에서 악기 연주자가 샘플러 악기로 인해 얼마나 연주 기회를 잃었는지에 대한 실증적 조사는 없지만, 현재 만들어지는 많은 음악들이 인간 연주자의 연주가 전혀 포함되지 않고 만들어지고 있다. 반면, 이러한 현상에서 가수들은 예외였다. 얼마 전까지도 기계는 완전히 사람처럼 노래할 수 없었다.

2000년대에는 사람이 노래하는 것이지만 기계의 노래처럼 들리게 하는 오토튠 효과가 대중음악에서 잠시 인기를 끈 경우가 있었다. 대중음악에서 이런 기계 목소리 같은 오토튠의 사용으로 유명한 최초의 예는 1998년 발표된 가수 셰어(Cher)의 〈빌리브(Believe)〉라는 곡이다(Heigl, 2018). 오토튠(Auto-Tune)이라는 소프트웨어는 가수가 녹음하면서 음높이가 어긋나는 것을 자동으로 맞춰 주는 기능을 제공한다. 오토튠에는 음높이가 조정되는 시간을 설정할 수 있어서 가수의 잘못된 음높이를 자연스럽게 조정할 수 있었다. 이 설정값을 0으로 하면 신호를 수신하는 순간 바로 음높이가 변경되기 때문에 부자연스럽고 마치 1970년대에 많이 사용되던 오래된 이펙트인 보코더(vocoder)를 통한 목소리처럼 들리게 된다. 오토튠을 이용해 사람의 노래를 마치 기계가 노래하는 듯하게 만드는 이 효과를 노골적으로 사용한 미국의 알앤비 가수 티페인(T-Pain) 이후로 이러한 효과를 티페인 이펙트라고 부르기도 했다. 이런 기계 목소리에 거부감을 가진 사람들도 많았지만, 셰어와 티페인의 인기를 보면 대중의 일부는 이런 효과를 지겹게 느끼기 전까지는 흥미롭게 받아들였다고 볼 수 있다.

다시 기계에게 노래를 시키는 기술로 돌아오자면, 노래가 아닌 일반 음성 합성은 1930년대 벨 연구소의 호머 더들리(Homer Dudley)가 개발한 보더(Voder)가 가장 초기의 예이며, 기계에게 노래를 시키는 것의 역사는 1960년대로 거슬러 올라간다. 마찬가지로 벨 연구소에서 존 켈리(John Kelly)와 캐럴 록바움(Carol Lockbaum), 맥스 매슈스(Max Mathews)는 IBM704 컴퓨터를 통해 최초로 컴퓨터가 생성한 노래를 만들었다. 이때 사용된 노래는 해리 대커(Harry Dacre)의 〈데이지 벨(Daisy

Bell)〉이었다. IBM704가 생성한 노래는 확연하게 부자연스럽게 들리는 로봇 목소리였지만 이후 시도되는 노래하는 기계에 대한 연구의 시발점이 되었다.

음성 합성 기술

텍스트 음성 합성(TTS, Text-to-Speech) 기술은 이름 그대로 텍스트에서 음성을 합성하는 기술로 오랜 역사를 가지고 있다. 딥러닝 기술이 본격적으로 도입되기 이전 TTS에서 사용된 기술들은 조음 합성(Articulatory Synthesis), 포먼트 합성(Formant Synthesis), 연결 합성(Concatenative Synthesis) 방식이었다(Jurafsky & Martin, 2020). 조음 합성은 물리적인 성대와 조음기관을 모델링하는 방식이며, 포먼트 합성은 발음을 구분해 주는 포먼트 생성을 위한 필터를 이용하는 방식으로 컴퓨터 성능이 부족했던 시절에 가장 많이 사용되었다. 연결 합성은 미리 녹음된 음성 데이터들을 조합하여 새로운 발성을 만들어 내는 방식이다. 이러한 고전적인 방식으로 사람이 알아들을 수 있는 TTS 기술이 상용되었지만 실제 사람이 말하는 것과 같은 자연스러운 발화를 구현하는 것은 어려웠다.

현재는 보다 자연스러운 음성을 구현하기 위해 딥러

닝 기술이 활용되고 있다. 이 방식의 딥러닝 모델로는 웨이브RNN(WaveRNN)(Kalchbrenner et al., 2018), 타코트론(Tacotron) 2(Shen et al., 2018), 웨이브글로(WaveGlow)(Prenger et al., 2019) 등이 발표되었다(Cotton et al, 2024). 이 외에도 수많은 모델이 개발되었고 우리가 쉽게 접할 수 있는 여러 가지 음성 인터페이스에 적용되어 현재 사용되고 있다.

보컬로이드

지금과 같이 딥러닝 기술이 도입되기 이전의 전통적인 음향 합성 방법으로 노래하는 목소리를 생성하는 기술 중 가장 유명한 제품은 일본의 야마하사에서 출시한 보컬로이드(Vocaloid)다. 보컬로이드는 스페인의 폼페우 파브라(Pompeu Fabra) 대학에서 야마하사의 자금 지원을 받아 개발되었다(Bell, 2016). 2004년 초에 출시된 보컬로이드는 40여 년 전의 〈데이지 벨〉과 크게 다르지 않은 어색한 기계 목소리 수준이었다. 마케팅을 위해 목소리별로 이름을 부여하기는 했지만, 나중에 등장하는 다음 세대와 달리 세세한 설정은 부여되지 않았고 시장에서 큰 성공을 거두지 못했다(임찬수 · 이윤지, 2012). 보컬로이드는 2세대에 들어와 하츠네 미쿠(Hatsune Miku)

라는 여성형 캐릭터 이미지와 함께 공개되었다. 하츠네 미쿠 캐릭터의 디자인 레퍼런스는 야마하의 유명한 디지털 신시사이저인 DX-7이다. 여전히 부자연스러운 기계 목소리임에도 불구하고, 캐릭터의 인기와 함께 보컬로이드를 통한 아마추어 창작 음악이 컬트적인 인기를 끌면서 가상 아이돌에 대한 팬덤 문화가 형성되었다.

보컬로이드의 가창 합성 기술은 전통적인 인공적인 음성 생성에 사용되는 기술 중 하나인 연결 합성(concatenative synthesis)으로 분류된다. 연결 합성에서는 음소(phone)들이 결합된 다이폰(diphone), 트라이폰(triphone), 지속 모음 등의 목소리 샘플이 필요하다. 다이폰에는 최소 가능한 모든 음소 조합(자음-모음, 모음-자음, 모음-모음, 자음-자음)이 포함되어야 하는데 일본어 합성을 위해서는 약 500개의 다이폰이, 영어의 경우 약 2500개의 다이폰이 필요하다(Bell, 2016). 이렇게 만들어진 합성된 목소리에서 불쾌한 골짜기로 떨어진 것 같은 어색함을 느낄 수도 있지만, 귀엽게 디자인된 캐릭터와 불완전한 합성 목소리의 결합은 적어도 서브컬처에서는 성공적이었다. 사람의 실제 목소리와 구분이 어려운 정도의 인공지능 목소리는 이후 딥러닝 기술의 도입을 통해 점진적으로 실현되었다.

딥러닝 기술의 적용

딥러닝 기술이 적용되면서 자연스러운 보컬 표현이 가능한 인공지능들이 등장했다. 보컬로이드의 경우에도 2022년 발표된 여섯 번째 버전에서는 보컬로이드:AI라는 딥러닝 기술을 통한 보다 자연스러운 뉘앙스의 노래를 생성하는 새로운 기능이 추가되었다. 보컬로이드 이외에도 신시사이저V(Synthesizer V), 세비오(CeVIO) 같은 유사한 소프트웨어들이 딥러닝 기술을 적용하여 사실적인 보컬 표현 기능을 제공하고 있다. 현재 이러한 기술들은 사실상 실제 가수의 노래와 구분이 어려운 수준으로 발전했다.

이와 같은 노래 생성 기술을 이용하면 음악 제작 비용을 크게 줄일 수 있으며, 이론적으로는 노래 제작 비용이 0이 될 수도 있다. 여기에는 아티스트의 가치를 어떻게 보호할 수 있을지에 대한 우려가 있을 수 있다. 과거 악기 연주자들이 스튜디오에서의 연주 기회를 잃었던 것처럼, 가수들도 마찬가지 위협에 노출되었다.

한편으로는 새로운 음악 제작을 위한 보컬 인공지능 이외에도, 타코트론(Tacotron)과 같은 음성 변조 기술을 이용한 보컬 변조 기술도 빠르게 발전하고 있다. 최근 발표된 가수의 노래를 이미 사망한 과거 가수의 목소리로 변조하는 기술이 대표적이다. 이 경우에는 보이스피싱과 같은 잠재적인 사기나 오용의 가능성에 대해 우려하는 목소리들이 나타나고 있다(Lee at al., 2022).

발전된 보컬 생성 인공지능은 당장 누구나 사용할 수 있게 상용화되었으며, 이 기술이 음악계와 문화에 미칠 영향은 서서히 나타나게 될 것이다. 이 기술은 비용의 절감과 창작의 자유를 제공하기도 하지만, 한편으로 아티스트의 권리 보호와 윤리적 문제에 대해서도 논의가 필요할 것이다.

참고문헌

임찬수·이윤지(2012). 보컬로이드(VOCALOID)에 나타난 오타쿠 문화의 변화:프로슈머로서의 활동을 중심으로. ≪일어일문학연구≫, 82권, 277－299쪽.

Bell, S. A.(2016). The dB in the .db: Vocaloid Software as Posthuman Instrument. *Popular Music and Society*, 39(2), pp.222－240.

Cotton, K., De Vries, K., & Tatar, K.et al.(2024). Singing for the Missing: Bringing the Body Back to AI Voice and Speech Technologies. Proceedings of the 9th International Conference on Movement and Computing, 1－12.

Heigl, A.(2018). Cher's "Believe" turns 20: How the song changed Auto-Tune forever. *Entertainment Weekly*. https://ew.com/

Jurafsky, D. & Martin, J. H.(2020). *Speech and Language*

Processing: An Introduction to Natural Language Processing Second Edition. New Jersey, Prentice Hall.

Kalchbrenner, N., et al.(2018). Efficient neural audio synthesis. In International Conference on Machine Learning, 2410-2419

Lee, K., et al.(2022). Ethics of Singing Voice Synthesis: Perceptions of Users and Developer. in Proc. of the 23rd Int. Society for Music Information Retrieval Conf., Bengaluru, India.

Prenger, R., Valle, R., & Catanzaro, B.(2019). Waveglow: A flow-based generative network for speech synthesis. In *ICASSP 2019-2019 IEEE International Conference on Acoustics, Speech and Signal Processing (ICASSP)*, 3617-3621.

Shen, J., et al.(2018). Natural tts synthesis by conditioning wavenet on mel spectrogram predictions. In *2018 IEEE international conference on acoustics, speech and signal processing* (ICASSP), 4779 – 4783.

Stearns, D. P.(2005). Robert Moog obituary. *The Guardian.* https://www.theguardian.com/science/2005/aug/25/obituaries.guardianobituaries

07
믹싱과 마스터링 인공지능

믹싱과 마스터링은 음원 제작의 후반 과정이다. 믹싱의 과정과 결과물에서 다양한 가능성이 있을 수 있기 때문에 완전한 믹싱의 자동화는 쉽지 않아 보인다. 때문에 개발된 대부분의 믹싱 인공지능 기술은 완전한 자동화보다는 인간 엔지니어에 대한 보조적인 기술이다.
상대적으로 마스터링은 인공지능을 통한 완전한 자동화가 시도되고 있다.

믹싱 인공지능

음악 제작 과정에서 믹싱은 여러 개의 오디오 트랙을 조정하고 결합하여 믹스 다운된 스테레오 음원을 제작하는 과정이다. 이 과정에서 다양한 오디오 기술과 엔지니어의 테크닉뿐만 아니라 창의성도 요구된다. 역사적으로 음악 믹싱은 새롭고 흥미로운 음악을 만들기 위해 끊임없이 새로운 기술과 관행을 통해 성장하고 발전해 왔다(Burgess, 2014).

믹싱 과정에는 음향에 대한 다양한 조절과 처리가 필요하며, 개인과 음악 스타일에 따라 사용되는 테크닉과 기술은 다양하다. 일반적으로 믹싱 과정에서 고려해야 할 핵심 요소는 다음과 같다(Alten, 1999). 개별 트랙의 음향과 스타일 향상, 소리의 배열과 레벨의 균형 유지, 특수한 효과의 적용, 필요한 경우 인공적인 음향 공간 형성 등이다. 현대의 믹싱 작업은 필요에 따라 아날로그 장비들이 사용되기도 하지만, 일반적으로 전문적인 DAW 소프트웨어와 이 안에서 구동되는 여러 플러그인 이펙트(plug-in effect)를 이용하여 순수하게 디지털로만 이루어지는 경우가 많다.

인공지능을 통한 믹싱에 대한 연구는 인공지능 작곡 분야에 비해서는 많은 관심을 받지 못했던 분야이지만,

알고리즘이나 지식 기반 접근에서부터 시작하여 딥러닝 모델에 이르기까지 지속적으로 연구가 이루어졌다(Koszewski, 2023). 기계학습과 관련하여 이 분야에서 많이 사용되는 데이터세트로는 오픈 멀티트랙 테스트베드(Open Multitrack Testbed)와 MUSDB-18이 있다. 웨이브유넷(Wave-U-Net) 아키텍처는 기본적으로는 믹스된 음원을 다시 분리하기 위한 아키텍처이지만, 분리된 음원을 믹싱하는 데 사용되기도 한다. 상용 플러그인과 유넷(U-net), 인간 아마추어와 프로 엔지니어의 믹싱 결과물을 비교한 코셰프스키(Koszewski, 2023)의 연구에서는 프로 엔지니어의 결과물이 가장 높은 평가를 받았다. 상용 플러그인의 경우 인간 아마추어와 비슷한 낮은 결과를 받았고, 유넷은 프로 엔지니어와 아마추어 사이의 결과를 보여 주었다.

믹싱 과정에서 사용하는 많은 소프트웨어들은 음악 전문 기술 기업들에서 개발하고 있으며, 이런 기업 중에서 일부는 인공지능 기술을 접목한 믹싱 도구를 개발하여 상용화하고 있다. 아이조톱(iZotope), 소너블(Sonible), 더 콜렉티브(The Collective) 등의 회사들이 선제적으로 믹싱 과정에서 사용하는 플러그인에 인공지능 기술을 도입하고 있다.

믹싱 과정과 그 결과물은 다양한 가능성을 지니고 있으며, 전문적인 믹싱 작업에서는 뮤지션과 엔지니어의 소통이 중요하기 때문에 완전한 자동화가 받아들여지기는 어렵다. 따라서 믹싱 인공지능은 이 기술적이면서도 창의적인 작업을 완전히 자동화하기보다는 보조적인 도구로 도입될 가능성이 높다. 그렇더라도 여전히 해결해야 할 과제는 많이 남아 있다. 연구와 기술 개발이 계속된다면, 앞으로 음악 산업과 음악 제작 분야에 상당한 영향을 미칠 것이다.

마스터링 인공지능

마스터링은 음악이 청취자에게 전달되기 직전의 마지막 단계의 처리 과정이다. 과거 아날로그 시절의 마스터링은 지금의 디지털 시대의 작업보다 더 복잡한 과정이었다. 2채널의 마스터트랙이 마그네틱 테이프로 완성되면 33과 1/3 회전의 디스크, 45회전 디스크, 콤팩트 카세트 테이프, 그리고 1980년대에는 CD를 위한 디지털로 각각 마스터링이 수행되어야 했다. 현재의 디지털 음향 환경에서의 마스터링은 디지털 마스터 하나만을 작업하면 되기 때문에 비교적 단순하다. 또한, 2000년대 들어 마스터링 전문 소프트웨어가 출시되면서 전문적인 마스터링용 장비가 없어도 비교적 쉽게 마스터링을 할 수 있게 되었다. 그러나 마스터링 과정은 여전히 중요하며, 음악 제작 과정에서 절대 빠질 수 없는 과정이다.

마스터링 엔지니어는 음원의 음압을 높이고, 주파수적인 균형을 맞추고, 노이즈나 왜곡의 수정 등의 작업을 진행한다. 이 과정에서 세밀한 조정과 예민한 청취 능력이 필요하지만, 인풋 데이터와 아웃풋 데이터도 각각 하나씩이기 때문에 과정 자체는 일차원적이며, 이 점에서 인공지능이 효과적일 수 있다.

2014년 랜더(LANDR)가 인공지능 마스터링 서비스를 출시한 이후로 많은 인공지능 마스터링 서비스와 플러그인 소프트웨어들이 등장해서 경쟁하고 있다. 허동혁 등(2021)은 인간 전문가와 두 개의 마스터링 서비스를 이용해 동일한 믹스다운 음원을 마스터링한 후 청취 실험을 진행했다. 비전문가의 경우에는 특정한 마스터링에 대한 선호가 나타나지 않았으며, 음악 전문가를 대상으로 한 실험에서는 인간 전문가의 마스터링에 대한 선호가 가장 높기는 했지만 의미 있는 수준의 차이는 아니었다.

인공지능 마스터링이 기술적으로 인간 마스터링 엔지니어와 동등한 수준의 결과물을 도출할 수 있더라도 여전히 한계는 있을 수 있다. 인간 마스터링 엔지니어는 마스터링 과정에서 수정할 수 없는 믹싱 단계에서의 문제점이 있다고 판단될 경우, 믹싱 단계의 수정을 제안할 수 있다. 또한, 마스터링을 요청한 클라이언트도 마스터링 엔지니어에게 다양하고 세부적인 요구를 할 수도 있다(Birtchnell & Elliott, 2018). 현재의 인공지능 마스터링 서비스나 소프트웨어는 이런 커뮤니케이션 부분에서 한계가 있다.

음악 제작 과정에서 인간 마스터링 엔지니어가 전혀 필요 없게 되는 상황은 당장 일어나지 않을 것으로 보이지만, 자연어 처리 기술의 발전과 인터랙션 기능이 더 개선된다면, 마스터링 작업의 상당 부분이 인공지능으로 대체될 가능성은 충분히 있는 것으로 보인다. 효율성과 비용 절감의 측면에서는 인공지능 마스터링 기술이 음악 제작의 문턱을 낮추는 잠재력이 있지만, 동시에 인간의 창의성과 직관이 여전히 중요한 역할을 하는 영역에서 이런 기술에 대한 신중한 접근도 필요할 것이다.

참고문헌

허동혁·박재록(2021). 인공지능과 인간 전문가의 오디오 마스터링 비교 연구. ≪한국엔터테인먼트산업학회논문지≫, 15권 3호.

Alten, S.(1999). *Audio in Media*. Wadsworth. 김윤철 옮김(2006). 『미디어 음향』. 커뮤니케이션북스.

Birtchnell, T. & Elliott, A.(2018). Automating the black art: Creative places for artificial intelligence in audio mastering. *Geoforum*, 96, pp.77 – 86

Bromham, G.(2016). How can academic practice inform mix-craft? In R. Hepworth-Sawyer & J. Hodgson (Eds.), *Mixing music*. 245 – 256. Taylor & Francis.

Burgess, R. J.(2014). *The history of music production*. Oxford University Press.

Cascone, K.(2000). The aesthetics of failure: "Post-digital" tendencies in contemporary computer music. *Computer Music Journal*, 24(4), 12 – 18.

De Man, B., et al.(2014). The open multitrack testbed. in Audio Eng. Soc. Convention e-Brief, Los Angeles, USA.

Koszewski, D., et al.(2023). Automatic music signal mixing system based on one-dimensional Wave-U-Net autoencoders. *EURASIP Journal on Audio, Speech, and Music Processing*, 2023(1), 1.

Rafii, Z., et al.(2019) MUSDB18-HQ - An Uncompressed Version of MUSDB18 (1.0.0) [Data set]. Zenodo.

Reiss, J. D.(2016). An intelligent systems approach to mixing multitrack audio. In R. Hepworth-Sawyer & J. Hodgson (Eds.), *Mixing music*. 226-244. Taylor & Francis.

08
음악 추천 인공지능

음악 스트리밍 서비스는 구독료나 광고 시청의 대가로 광범위한 음악에 대한 접근을 가능하게 해 준다. 사용자가 듣고 싶어 하는 음악을 쉽게 선택하기 위해 다양한 접근 방법을 제공하고 있는데 인공지능을 통한 음악 추천도 포함된다. 추천 시스템은 콜드 스타트 문제, 필터 버블, 인기 편향 등의 문제를 발생시킬 수 있으며, 투명성과 공정성에 대한 지속적인 모니터링이 필요하다.

음악 청취 방법의 현황

현재 음악 청취의 대부분은 스마트폰과 스트리밍 서비스를 통해 이루어진다. 스트리밍을 통한 음악의 청취는 음악이라는 콘텐츠의 소유와 접근에 대한 새로운 소비 방식이다. 다운로드 기반의 음악 청취는 음원을 제공하는 플랫폼에 접근하여 다운로드를 통하여 음악 콘텐츠를 소유하고, 소유 목록의 관리를 통해 음악을 감상하는 방식이다. 그 이전으로 거슬러 올라가면 우리는 음반 가게에 직접 가서 음반을 구입하여 소유할 수 있었다.

과거의 음악 구매는 주로 동네에 있는 음반 소매점을 통해 이루어졌다. 소매점은 주로 현재 잘 팔리는 베스트셀러 음반과 스테디셀러 음반을 쇼윈도에 진열해 두었다. 동네 음반 소매점에서 구할 수 없는 음악은 따로 주문을 하거나, 시내 중심가의 대형 소매점을 찾아 구매할 수 있었다. 1990년대 초에 등장한 대형 음반 소매점은 잘 팔리는 음반들과 프로모션 중인 음반을 미리 들어 볼 수 있는 청취 환경을 제공했으며, 소비자가 원하는 취향의 음악을 쉽게 찾을 수 있도록 장르별로 구분해서 음반을 전시했다. 온라인 음악 배포의 첫 10년 동안 가장 성공한 두 서비스인 애플과 아마존은 이러한 음악 소유권 모델을 물리적 환경에서 가상환경으로 이전했다(Wikström,

2012). 초기 온라인 시대에는 과거 물리적 음반을 구매하고 소유하듯이, 파일 형태의 음원을 구매하고 개인의 저장장치에 소유하는 방식이었다.

2010년대 들어 스트리밍을 통한 음악 청취가 보편화되면서 소유권 모델은 접속 모델로 변화되었다. 스트리밍을 통한 청취에서는 일정한 구독료를 지불하거나 광고를 시청하는 대가로 음악 콘텐츠에 대한 소유 대신 접근의 권리가 주어진다. 청취자들은 소유를 포기한 대신에 과거 음악 애호가들의 꿈이었던 "천상의(celestial) 주크박스(Goldstein, 1994)"를 통해 세상의 모든 음악에 대한 즉각적인 접근이 거의 가능해졌다. 그러나 이렇게 천상의 주크박스가 청취자에게 주어진다고 해서, 일상에서 음악을 들을 때마다 어떤 특정한 음악이 듣고 싶어지고, 그 음악을 찾아서 듣는 것은 어렵다. 정보의 과부하 문제는 정보가 너무 많아서 문제 및 의사 결정이 어려운 것을 가리킨다. 스트리밍 서비스가 제공하는 수천만 곡에 대한 접근 가능성은 청취자에게 정보 과부하의 문제를 줄 수도 있다(Drott, 2018).

우리가 청취할 음악을 선택하는 데 영향을 주는 외부 요인으로는 친구 등 지인의 추천, 방송 등 미디어에 노출, 음악 비평가 등 전문가의 추천 등 다양한 것들이 있을 수 있었다. 실제로 많은 사람들은 요즘 인기가 있는 음악이나 자신과 취향이 비슷한 사람들이 듣는 음악, 또는 누군가의 추천을 통해 음악을 듣는다. 대부분의 음악 스트리밍 서비스들은 최신 인기 음악 목록, 장르별 음악 목록, 전문 큐레이터가 선별한 곡으로 구성된 추천 재생 목록과 함께 개인화된 음악 추천 서비스를 제공한다.

특히 음악 자동 추천 서비스는 인공지능과 기계학습 알고리즘의 발전에 힘입어 현대 음악 소비 패턴의 핵심 요소로 자리 잡고 있다. 이 시스템은 음악 자체의 정보와 함께 사용자 데이터를 분석하여 개인 맞춤형 음악 추천을 제공한다.

음악 추천 알고리즘

추천 시스템은 음악 이외에도 많은 온라인 마켓에서 널리 채택되고 있다. 추천 시스템은 정보 과부하 문제를 극복하기 위한 효과적인 전략이기도 하지만, 서비스를 제공하는 입장에서 소비자의 더 많은 소비를 유도하거나, 더 오랫동안 서비스에 머물게 하기 위한 전략으로 활용된다. 이런 추천 시스템에도 딥러닝 기술이 적용되어 효과가 입증되었다.

추천 시스템에 사용되는 모델은 크게 협업 필터링(collaborative filtering)과 콘텐츠 기반 필터링(content-based filtering)으로 분류된다(Zhang et al., 2019). 협업 필터링은 청취자의 청취 데이터를 분석하고 다른 청취자의 청취 데이터와 비교하여 비슷한 취향을 가진 청취자들이 선호할 만한 음악을 추천하는 방법이다. 청취자가 비틀스(The Beatles)의 곡 〈렛 잇 비(Let it be)〉를 좋아한다고 했을 경우, 이 곡을 들었던 다른 청취자들이 존 레넌(John Lennon)의 〈이매진(Imagine)〉이라는 곡을 많이 들었기 때문에 이 곡을 추천해 주는 것이다. 협업 필터링은 대부분의 산업용 추천 시스템에서 활용하는 방식이지만 콘텐츠 특히 음악 자체가 가지고 있는 풍부한 도메인 지식을 무시하게 된다.

콘텐츠 기반 필터링은 음악 자체의 데이터와 메타데이터를 이용하여 추천 음악을 선정하는 방법이다. 청취자가 비틀스의 곡 〈렛 잇 비〉를 좋아한다고 했을 경우, 이 곡이 1970년대 록 음악이고 느린 발라드 곡이라는 정보를 기반으로, 유사한 속성을 가진 존 레넌의 〈이매진〉을 추천해 주는 것이다. 콘텐츠 기반 필터링은 사람이 음악을 인지하는 방식과 유사하며 충분한 인터랙션 데이터가 없는 콜드 스타트(cold start) 상황에서도 유용하다. 음악을 설명하는 데이터는 아티스트나 출시 연도와 같은 명

시적인 데이터부터 곡의 분위기, 음색, 스타일 등 오디오 자체가 가진 속성 데이터, 심지어 청취자들의 평가까지 다양한 수준에서 다양하게 있을 수 있다(Deldjoo et al., 2024). 이러한 방식은 음악 정보 추출과 같은 기반 기술이 뒷받침되어야 하기 때문에 보다 어려운 방식이라 할 수 있다. 이 두 가지 방식을 결합한 것을 하이브리드 방식이라고 한다.

음악 추천 시스템의 문제

음악 자동 추천 시스템은 편리하게 내가 좋아할 만한 음악을 추천해 주지만, 그 과정에서 어떤 편향이나 문제가 발생할 여지가 있다. 우선은 콜드 스타트 문제가 있다. 사용자 콜드 스타트는 청취자의 취향을 판단할 만큼 사용자 데이터가 충분하지 않을 때 발생한다. 이 문제는 청취자의 청취 이력이 쌓이면서 자연스럽게 해결될 수 있다. 문제가 될 수 있는 부분은 아이템 콜드 스타트다. 이 문제는 새롭거나 잘 알려지지 않은 작품에 영향을 미쳐, 이러한 작품들이 추천 목록에 오르기 어려워진다(Dinnissen & Bauer, 2023).

다음으로는 필터 버블(filter bubble) 문제가 있다. 필터 버블은 정보 제공자가 이용자에 맞춰 필터링한 정보

만을 제공할 때 발생하는 문제로, 확증 편향과 선택적 인지를 강화할 수 있다. 이는 주로 저널리즘과 관련된 연구에서 많이 다뤄지지만, 음악 추천에서도 비슷한 문제가 발생할 수 있다. 물론 특정 음악 스타일에 대한 과몰입이 정치적 과몰입과 같은 사회적 문제가 될 가능성은 낮지만, 자신의 취향을 벗어나 다양한 음악을 들어 보기를 원하는 청취자들에게는 이러한 추천이 한정적일 수 있다. 일반적인 유명한 음악을 좋아하는 취향의 청취자들에게는 추천의 결과가 만족스러울 가능성이 높을 것이다. 그러나 독특한 소수자적 취향의 음악을 좋아하는 경우, 일반적이지 않은 파편적이면서 확고한 취향의 경우에는 추천의 결과가 만족스럽지 않을 가능성이 있다.

사회적으로 문제가 될 수 있는 것으로는 추천의 투명성과 공정성의 문제가 있다. 자주 제기되는 문제 중 하나는 인기 편향이다. 많은 청취자에게 인기 있는 음악이 계속해서 추천되기 때문에, 다른 음악이 인기를 얻을 기회가 줄어들게 된다. 이로 인해 인기를 얻을 다른 계기가 없다면 새로운 음악이나 덜 알려진 음악은 추천 목록에 오르기 어려워진다. 더 문제가 될 수 있는 부분은 추천 결과에 의도적인 편향이 있을 수 있다는 것이다. 예를 들어, 스트리밍 서비스에서 의도적으로 특정한 음악에 대한 추천이 더 많이 이루어지도록 설정할 가능성이 있다 (Dinnissen & Bauer, 2023). 이러한 이유로, 스트리밍의 추천이 투명하고 공정하게 이루어지는지에 대한 지속적인 모니터링과 설명 가능한 추천 시스템 기술이 필요할 것이다.

참고문헌

Born, G.,et al.(2021). Artificial intelligence, music recommendation, and the curation of culture (White Paper). A. Schwartz Reisman Institute for Technology and Society.

Deldjoo, Y., et al.(2024). Content-driven music recommendation: Evolution, state of the art, and challenges. *Computer Science Review*, 51, 100618.

Dinnissen, K. & Bauer, C.(2023). How control and transparency for users could improve artist fairness in music recommender systems. Proc. of the 24th Int. Society for Music Information Retrieval Conf.

Drott, E.(2018). Why the next song matters: Streaming, recommendation, scarcity. *Twentieth-Century Music,* 15(3), pp.325-357.

Goldstein, P.(1994). *Copyright's Highway: From Gutenberg to the Celestial Jukebox.* Hill and Wang.

Wikström, P.(2012). A Typology of Music Distribution Models. *International Journal of Music Business Research*, 1(1), pp.7 – 20.

Zhang, S., et al.(2019). Deep learning based recommender system:

A survey and new perspectives. *ACM Computing Surveys (CSUR)*, 52(1), pp.1–38.

09

음악 분석 인공지능

음악의 분석은 일반적으로 고도로 전문적인 지식과 훈련이 필요한 분야로 간주된다. 딥러닝 기술의 도입으로 선율의 추출, 화성 분석, 리듬 분석 이외에도 자동 음악 전사, 음원 분리, 음악 장르 분류, 감정 인식 등 다양한 분석 작업이 가능해지고 있다.

음악 분석의 중요성

만들어진 음악을 분석하는 것은 다양한 수준에서 이루어질 수 있다. 전문적인 영역에서는 곡 형식, 화성, 선율, 리듬, 음색, 가사가 있는 음악의 경우 텍스트가 분석에 포함될 수도 있다. 또한, 주관적인 측면에서 느껴지는 분위기나 심상 등도 분석의 대상이 될 수 있다. 이러한 표면적인 분석에서 조금 더 깊이 들어가면, 음악의 구조적 요소와 각 요소 사이의 유기적 관계, 발전 과정이 분석의 대상이 될 수 있으며, 역사적 맥락이나 작곡가와 관련된 2차 자료 등도 분석의 과정에서 활용될 수 있다.

이러한 음악의 분석은 일반적으로 고도로 전문적인 지식과 훈련이 필요한 분야이며, 음악학교의 과목 중에서 음악 분석은 중요한 필수 과목으로 간주된다. 여전히 클래식 음악 전공 대학의 졸업 논문 중 상당수는 고전 명작에 대한 분석이 많은 비중을 차지한다.

창작과 마찬가지로 음악의 분석도 기계가 수행하기 어려운 분야라고 생각되었지만, 딥러닝 이전 시대에도 컴퓨터를 통해 음악을 자동으로 분석하기 위한 연구들이 수행되었다. 이렇게 음악에서 정보를 추출하는 것에 대한 기술적 연구 분야를 음악 정보 추출(MIR, music information retrieval)이라고 부른다. 이 분야의 대표 학회가 국제음악정보추출학회(ISMIR, International Society for Music Information Retrieval)다. 음악 정보 추출에서 파생된 연구들은 인공지능과 다양한 음악 오디오 관련 기술들로 영역이 확장되었지만, 여전히 전통적인 음악 정보 추출 연구들도 계속되고 있다.

음악 정보 추출 분야도 딥러닝 기술을 통해 크게 발전했다. 딥러닝은 음악 장르 분류, 음악 전사(transcription), 코드 인식, 감정 인식 등 다양한 작업에 적용되었다(Rossi et al., 2023). 딥러닝을 적용한 모델은 일반적으로 이전의 모델에 비해 높은 성능을 달성할 수 있었다.

전통적인 음악적 요소의 분석

선율의 추출, 화성 분석, 리듬 분석, 악보 생성 등 전통적인 음악적 요소의 분석이 이루어질 수 있다. 선율 추출의 경우 단선율만 있는 오디오에서는 딥러닝 이전에도 비교적 간단하게 가능했다. 2000년대 초반에 설립된 셀레모니(Celemony)사의 상용 소프트웨어인 멜로다인(Melodyne)은 기본적으로는 보컬의 튜닝을 위한 프로그램이지만, 단선율 오디오를 분석하여 미디로 변환하고 피아노 롤 방식으로 시각화해서 제공했다. 멜로다인은 업그레이드되면서 피아노나 기타와 같은 다성 악기의 오디오도 분석이 가능했다. 그러나 여전히 여러 다른 음색의 악기가 섞여 있는 음악에서의 선율 추출은 불가능했다.

음악 음원을 악보 혹은 미디로 변환하는 기술은 자동 음악 전사(Automatic Music Transcription)라고 불린다. 단선율 음원을 전사하는 것은 해결된 문제로 간주되지만, 여러 다른 음색의 악기가 섞여 있는 음악에 대한 전사는 딥러닝 기술을 도입한 이후에도 여전히 복잡하고 어려운 문제다(Hernandez-Olivan et al., 2021). 특히, 악보 수준의 자동 음악 전사는 더욱 어렵다. 악보를 작성하거나 해석하는 데에는 많은 주관적인 지식과 해석이 필요하기 때문에, 오디오를 완벽하게 분석한다고 해서 작곡가가 의도한 원본 악보와 정확하게 일치하는 결과를 얻는 것은 불가능하다. 다만 사람이 읽을 수 있는 수준의 악보를 생성하는 자동 음악 전사에 대한 연구는 계속 이어지고 있다(Alfaro-Contreras et al., 2024).

음원의 분리

믹스된 음원에는 여러 가지 악기와 목소리가 섞여 있다. 여러 음원을 섞는 것은 비교적 쉬운 일이고, 인간은 두 개의 채널로 믹스된 스테레오 음원에서도 여러 가지의 악기 소리를 분리해서 들을 수 있다. 우리는 여러 소리에서 특정한 소리만을 선택적으로 들을 수 있는 능력을 자연스럽게 가지고 있다. 그러나 기계가 믹스된 음원에서 각 악기를 다시 분리하는 것은 쉽지 않은 작업이다.

딥러닝 기술은 믹스된 음원에서 각각의 악기별로 음원을 분리할 수 있게 해 주었다. 믹싱을 위한 딥러닝에서도 사용되는 모델인 웨이브유넷(Wave-U-Net)(Stoller et al., 2018)은 음원의 분리에 특화된 딥러닝 모델 중 하나이며, 스트리밍 서비스인 디저(Deezer)에서 공개한 스플리터(Spleeter)라는 모델도 있다. 딥러닝 기반의 음원 분리 기술의 개발에서 어려운 문제는 학습을 위한 데이터의 수집이다(Rafii et al., 2018). 믹스 이전의 개별 음원이 공개된 경우가 드물기 때문에 현실에서 만들어지고 사용되는 훈련 데이터를 수집하는 것이 매우 어렵다.

현재 상용화된 제품이나 서비스로는 라랄AI(LALAL.AI), 아이조토프(iZotope)사의 RX 등이 있으며, 애플사의 DAW 로직 프로(Logic Pro)의 최신 버전에서는 자체적으로 음원 분리 기능을 제공한다. 현재 상용화된 음원 분리 기능은 대부분 보컬, 드럼, 베이스를 잘 분리해 주지만, 나머지 다른 악기들의 분리까지 되는 경우는 드물다. 또한, 음원의 분리가 잘 수행되는 경우도 있지만, 원본 음원 자체에 여러 가지 이펙트들이 사용되고 왜곡이 되어 있는 경우에는 정확히 분리하거나 복구하는 것이 불가능하다.

음원의 분리 기능을 통해 여러 음색의 악기가 섞여 있는 복잡한 음악의 자동 음악 전사도 훨씬 수월하게 이루어질 수 있으며, 교육적으로 활용되거나 리믹스를 제작하는 등으로 활용될 수 있다. 그러나 이를 통해 저작권자의 허락을 받지 않은 음원 샘플링 또한 보다 수월하고 은밀하게 가능해지기 때문에, 저작권 침해의 우려가 있는 것 또한 사실이다.

장르와 감정 분석

사람은 복잡한 현상을 정리하고 분류하여 세상을 이해한다. 장르는 음악뿐만 아니라 문학, 영화 등에서도 범주나 유형을 구분하기 위해 많이 사용되는 분류 방법이다. 장르는 음악 자체의 스타일 특성에 따라 나누어지기도 하지만, 음악 외적인 요소에 따라 나누어지기도 한다. 또, 국가나 문화권에 따라 장르를 구분하는 방법에서 차이가 나타나기도 한다.

장르에 대한 정확한 정의를 내리는 것은 매우 어렵다. 많은 음악은 여러 장르의 음악적 스타일의 경계에 있으며, 그 경계는 시대에 따라 변화하기도 한다. 장르의 구분은 음악 팬들 사이에서 종종 논란의 대상이 되고는 했다. 그러나 사람들은 장르를 기반으로 자신의 음악적 취향을 정의하고, 그에 따라 음악을 찾아서 듣는 경향이 있기 때문에 이러한 어려움에도 불구하고, 음원을 분석하여 장르를 분류하는 연구들이 시도되고 있다(Ndou et al., 2021).

음악은 장르뿐만 아니라 그 음악이 가지고 있는 분위기 혹은 감정으로 분류될 수도 있다. 음악에서 감정을 분석하기 위한 요소로는 가사의 텍스트와 오디오의 음향 특징이 있다. 가사는 자연어 처리를 통해 분석할 수 있지만, 많은 작사가들이 의도적으로 무의미하거나 반어적인 표현을 사용한다는 사실을 고려하면 가사를 통한 감정 분석은 많은 경우 신뢰성이 떨어진다(Liu et al., 2023). 오디오의 음향 특징을 통해 감정을 분석하는 것도 간단한 문제가 아니다. 동일한 음악이 어떤 사람에게는 기쁨을, 다른 사람에게는 슬픔을 유발할 수 있기 때문이다. 따라서 음악의 감정 분석도 인공지능에게는 도전적인 과제 중 하나라고 할 수 있다.

인간의 감정에 대한 학술적 접근은 이산적 감정 모델과 차원적 감정 모델이라는 두 가지 흐름으로 분류할 수 있다(Liu et al., 2023). 이산적 감정 모델의 대표적 모델 중 하나는 분노, 혐오, 공포, 행복, 슬픔, 놀라움을 여섯 가지 기본 감정으로 정의한 에크만(Ekman, 1992)의 분류다. 차원적 감정 모델에서는 각성과 정서가 두 개의 차원으로 표현되는 러셀(Russell, 2003)의 감정 모델이 대표적이다. 딥러닝 기술을 이용한 음악의 감정 분석 연구도 이산적 감정 모델을 기반으로 한 연구(Liu et al., 2023)와 차원적 감정 모델을 기반으로 한 연구(Wang et al., 2021)들이 있다.

딥러닝을 통한 음악의 장르와 감정 분석에 대한 연구들은 분석에만 머무르지 않고 이 정보를 활용하여 음악 추천 시스템에 활용하는 방향으로 진행되고 있다. 음악 추천 서비스에 사용되는 기반 기술 중 콘텐츠 기반 필터링은 음원 오디오에 대한 장르와 감정 분석을 바탕으로 사용자의 취향에 부합할 것으로 예측되는 음악들을 추천해 줄 수 있다.

참고문헌

Alfaro-Contreras, M., et al.(2024). A Transformer Approach for Polyphonic Audio-to-Score Transcription. ICASSP 2024 - 2024 IEEE International Conference on Acoustics, Speech and Signal Processing (ICASSP), Seoul, Korea, Republic of.

Ekman, P.(1992). Facial expressions of emotion: New findings, new questions. *Psychological Science*, 3(1), pp.34–38.

Hernandez–Olivan, C., et al.(2021). A comparison of deep learning methods for timbre analysis in polyphonic automatic music transcription. *Electronics*, 10(7), pp.810.

Liu, Z., et al.(2023). An emotion–based personalized music recommendation framework for emotion improvement. *Information Processing & Management*, 60(3), 103256.

Ndou, N., et al.(2021). Music Genre Classification: A Review of Deep–Learning and Traditional Machine–Learning Approaches. 2021 IEEE International IOT, Electronics and Mechatronics Conference (IEMTRONICS), 1 – 6.

Stoller, D., Ewert, S., & Dixon, S.(2018). Wave–u–net: A multi–scale neural network for end–to–end audio source separation. arXiv:1806.03185.

Rafii, Z., et al.(2018). An Overview of Lead and Accompaniment Separation in Music. *IEEE/ACM Transactions on Audio, Speech, and Language Processing*, 26(8), pp.1307 – 1335.

Rossi, M., et al.(2023). Explainability and Real–Time in Music Information Retrieval: Motivations and Possible Scenarios. In 2023 4th International Symposium on the Internet of Sounds, 1–9.

Russell, J. A.(2003). Core affect and the psychological construction of emotion. *Psychological review*, 110(1), pp.145–172.

Wang, S., et al.(2021). A Novel Emotion–Aware Hybrid Music Recommendation Method Using Deep Neural Network. *Electronics*, 10(15), p.1769.

10
음악 인공지능의 미래와 윤리

음악 인공지능의 발전은 음악 제작과 소비 방식을 변화시키며, 창작의 문턱을 낮추고 전문가와 비전문가 모두에게 새로운 기회를 제공하게 될 것이다. 그러나 인공지능으로 생성된 음악의 저작권 문제와 인공지능의 학습에 사용된 데이터의 저작권 문제는 해결되어야 할 과제다. 이외에도 인공지능 음악 기술의 발전에는 설명 가능성, 문화적 다양성, 실시간 처리, 독점의 문제 등의 과제도 남아 있다.

음악 인공지능을 통한 기회와 윤리적 도전

인공지능 기술이 적용된 음악 기술들이 발전하면서 음악의 제작 과정부터 소비까지, 음악의 여러 측면에 변화가 일어날 것이다. 인공지능은 기존의 전문가들이 더 쉽게 음악을 제작할 수 있도록 도울 뿐만 아니라, 비전문가들도 손쉽게 음악을 만들 수 있게 하여 창작의 장벽을 낮추는 역할을 하고 있다. 이러한 변화는 인공지능 이전의 음악 기술 발전과 유사한 부분이 있다. 과거의 음악 기술들도 전문가의 작업을 지원하고, 비용을 낮추며, 더 쉽게 사용할 수 있는 방향으로 발전해 왔다.

그러나 인공지능 기술의 발전은 기존 음악 기술의 혜택을 받았던 많은 음악가들에게 위협적인 요소가 될 수 있다. 과거에는 기계가 할 수 없다고 여겨졌던 고도의 창의력과 직관을 요구하는 작업에서도 기계가 뛰어난 결과를 내놓으면서, 이러한 우려는 더욱 커지고 있다. 인공지능 음악 기술이 발전함에 따라, 새로운 형태의 소외와 음악가의 역할 및 가치 변화가 초래될 것이다.

음악 환경의 변화에서 특히 중요한 고려 사항 중 하나는 윤리적 문제다. 인공지능이 음악을 창작하거나, 인공지능을 활용하여 음악을 창작하면서 인간 음악가의 역할은 축소되고, 이로 인해 음악가들의 경제적 수익과 창작 기회가 감소할 수 있다. 또, 인공지능이 생성한 음악의 저작권 문제는 여전히 명확하게 정의되지 않고 있어, 음악 산업 전반에 혼란을 초래하고 있다.

인공지능을 통해 만들어진 음악과 저작권

현재 음악 저작권 관련된 쟁점은 크게 두 가지로 볼 수 있다. 하나는 인공지능이 생성한 음악의 저작권 문제이고, 다른 하나는 인공지능의 학습에 사용된 음악의 저작권이다. 우선, 인공지능이 생성한 음악의 저작권 관련된 경우를 살펴보면, 전적으로 인공지능으로 만들어진 음악, 혹은 인공지능의 도움을 받아서 만들어진 음악을 인간의 창작물이라고 발표하는 경우가 있을 수 있다. 반대로, 기술력의 과시를 위해 사람이 만든 음악 혹은 사람이 수정 및 보완한 음악을 전적으로 인공지능이 만들었다고 하거나, 인공지능의 역할을 과장하는 경우도 있을 수 있다. 이 두 경우 모두 윤리적으로 문제가 될 뿐만 아니라, 저작권과 관련된 법적 문제도 발생할 수 있다.

우선, 한국 저작권법에 따르면 인공지능은 법적 의미에서 창작자로 인정되지 않기 때문에, 인공지능이 만든 음악은 저작권 보호의 대상이 아니다. 또한, 인공지능이 생성한 음악을 이를 생성한 사람이나 인공지능을 개발한 사람의 저작물로 인정하는 것도 현재의 저작권 체계에서는 받아들이기 어렵다. 이는 저작권의 기본 원칙인 창작자의 독창적인 창작성을 충족하지 않기 때문이다.

그러나 인공지능 기술의 발전으로 인해 인공지능이 창작에 참여한 음악이 지속적으로 발표될 가능성이 높아지고 있다. 이런 상황에서 세계의 여러 나라에서 이러한 새로운 창작 형태를 어떻게 법적으로 규정하고 보호할 것인지에 대한 논의를 진행하고 있다.

이와 관련하여 국내외에서 인간이 창작한 저작물과 구분하기 위해, 인공지능이 생성한 산출물에 인공지능 기술을 활용한 사실을 별도 표시하는 방안이 논의되고 있다. 그러나 이미지, 영상, 텍스트, 음악 등 다양한 사례와 적용 방법 등에 대한 합의가 어려워, 이러한 논의는 아직 큰 진전을 이루지 못하고 있다(박정훈 등, 2023).

현재로서는 인공지능이 생성한 산출물 자체는 저작물로 보호되지 않으며, 다만 인간이 일정한 창작성을 부가하여 수정한 경우에만 그 인간에게 저작권이 귀속될 수 있다. 이 경우에도 저작권은 인간의 창작 기여 정도에 따라 결정되며, 인공지능이 생성한 부분까지 저작권이 인정되지는 않는다.

그러나 인공지능이 창작 과정에서 얼마나 기여했는지

를 명확히 판단하고 외부에서 확인하는 것은 기술적으로 매우 어려운 문제다. 또한 현재의 음악 저작권 등록 시스템에서는 인공지능의 기여 부분을 배제하고 인간의 기여 부분만을 등록하는 방법이 마련되어 있지 않다. 따라서 인공지능의 기여를 어떻게 인정하고 저작권을 분배할 것인지는 여전히 개인의 윤리적 판단에 크게 의존할 수밖에 없는 상황이다. 이러한 이유로, 인공지능과 인간의 창작 기여를 구분하고 이에 맞는 법적 기준과 시스템을 마련하는 것이 시급한 과제다.

인공지능의 학습을 위한 데이터

딥러닝을 통한 음악 인공지능을 위해서는 모델의 훈련을 위한 대량의 음악 데이터가 필요하다. 양질의 결과물을 얻기 위해서는 많은 현실의 데이터가 필요한데 음악에서는 이런 데이터들을 사용하는 데 대부분 저작권 문제가 걸려 있다.

기본적으로 타인의 저작물을 배포, 방송, 공연, 개작 등을 위해서는 저작권자의 이용 허락을 받아야 하지만, 저작권법에는 이용의 목적 및 성격, 이용된 부분의 비중과 중요성에 따라서 저작권자의 이용 허락을 받지 않아도 되는 공정 이용 규정(저작권법 제35의5)이 있다. 공정 이용 규정은 그 적용에서 학계의 의견 대립이 있으며 인공지능 학습에 저작물을 이용하는 데 공정 이용 규정의 적용 여부를 직접적으로 판단한 국내외 법원의 판례는 아직 없다(박정훈 등, 2023).

인공지능 음원 제작 서비스인 수노(Suno)와 유디오(Udio) 경우는 저작권이 있는 음악을 통해 학습을 한 것으로 추정되고 있는데, 여기서 생성된 음악을 상업적으로 사용할 수 있게 했다. 이에 대해 글로벌 음악 기업인 워너와 소니, 유니버설은 수노와 유디오에 대해 자사의 음악을 학습에 무단으로 이용했다며 소송을 제기했다(Knibbs, 2024). 이 소송은 이 글을 쓰는 현재 진행 중이고 그 결과는 이 원고를 마무리할 때까지 나오지 않을 것이다.

많은 생성형 인공지능 회사들은 훈련에 사용하는 데이터들을 공정 이용하고 있다고 주장하고 있으나, 법원이 이에 대해 동의할지는 아직 알 수 없다. 기술의 발전을 위해 공정 이용을 허용할 것인지 아니면 기술의 발전보다도 기존의 저작권자들의 권리의 보호가 우선인지에 대한 법적 판단이 조만간 내려질 것이며, 이 소송의 결과는 향후 인공지능의 학습 데이터의 저작권 문제에 중요한 선례가 될 것이다. 만약 음악 기업들이 승소한다면,

생성형 음악 인공지능의 상용화는 어느 정도 정체될 수밖에 없을 것이다.

음악 인공지능의 과제

2024년 현재, 놀라운 결과물을 보여 주는 기술들이 계속 공개되고 있다. 음악 인공지능은 향후에도 지속적으로 발전될 것으로 예상된다. 윤리적인 문제 외에 음악 인공지능이 해결해야 할 여러 기술적 과제들이 있다.

첫째, 현재 딥러닝 기반의 인공지능 기술에서 공통적으로 제기되는 과제 중 대표적인 것은 설명 가능성(Explainability)이다. 음악 관련 인공지능에서도 설명 가능성은 중요한 문제로, 이는 투명성과 신뢰성에 영향을 미친다. 설명 가능성을 높이면 투명성도 함께 향상될 수 있다(Balasubramaniam et al., 2023). 설명 가능성은 또한 인공지능 모델의 미세 조정과도 밀접한 관계가 있다. 미세 조정이 가능한 인공지능은 보다 높은 활용도를 가질 것이다.

둘째, 실시간 처리 능력도 아직 부족하다. 예를 들어, 실시간으로 연주를 듣고 악보를 자동으로 넘겨 주는 기능도 완전하지 않으며, 실시간으로 사람과 협주를 하는 등 실시간으로 음악을 생성하고 처리하는 기술은 더 발전이 필요하다.

셋째, 딥러닝을 위해 필요한 막대한 데이터와 컴퓨팅 자원의 문제가 있다. 저작권 문제가 없는 질 좋은 데이터를 구하는 것도 어렵지만, 이를 학습하기 위해서는 강력한 컴퓨팅 파워가 필요하다. 현재 그래픽처리장치(GPU)는 전 세계적으로 공급 부족 현상을 겪고 있으며, 가격도 급등하고 있다. 이러한 상황에서 대규모 투자를 할 수 있는 소수의 기업들이 인공지능 시장을 당분간 독점할 가능성이 있다.

넷째, 문화적 다양성의 문제가 있다. 현재 대부분의 음악 인공지능은 서양 클래식 음악과 대중음악에 관해서는 어느 정도 성숙한 단계에 도달하였다. 반면 그 이외의 음악 장르에 대한 연구나 서비스는 제한적이다(Wang et al., 2024). 한국에서도 국악에 인공지능 기술을 도입하는 연구들이 발표되고 있지만 아직 초기 단계에 머물러 있다.

이러한 과제들에도 불구하고, 속도의 조절은 있겠지만 음악 인공지능은 지속적으로 발전하며 더 많은 사람들에게 접근 가능해질 것이다. 음악 인공지능 기술이 보다 대중화된 시대에 우리는 어떻게 음악을 하고, 듣게 될 것인가? 대중음악 시장에서 음악을 대중에게 선보일 수 있는 사회문화적 자본을 가진 음악가들은 소수다. 과거 음악 제작에 필요한 인력들의 상당수가 인공지능으로 대체된다면, 소수의 음악 산업 관계자들이 이전보다 더 적은 비용으로 더 많은 파이를 가져갈 수도 있다. 반면, 인공지능 기술을 통해 창작에 참여하는 데 벽이 더 낮아지게 되면서, 다양한 취향을 만족시켜 주는 다양한 음악가들이 활동할 수도 있을 것이다.

음악 인공지능의 미래는 다양한 가능성과 함께 여러 과제를 동반하고 있다. 인공지능은 음악 창작의 방식을 변화시키는 동시에, 음악가와 청중이 음악을 경험하는 방식을 변화시킬 수 있는 잠재력을 지니고 있다. 우리가 지금 내리는 결정들이 음악의 미래를 형성할 것이며, 인공지능 시대의 음악적 표현과 창작의 의미를 재설정하게 될 것이다. 음악 인공지능의 발전은 음악인, 청중, 기술자 모두에게 새로운 도전과 기회를 제공할 것이다. 음악과 기술의 융합이 창출할 수 있는 새로운 가능성을 탐색하면서도, 그로 인한 사회적, 문화적 영향을 깊이 이해하고, 이에 대한 발전적인 논의를 해 나가야 할 필요가 있다.

참고문헌

박정훈 외(2023). 『생성형 AI 저작권 안내서』. 한국저작권위원회.

Balasubramaniam, N., et al.(2023). Transparency and explainability of AI systems: From ethical guidelines to requirements. *Information and Software Technology*, 159, p.107197.

Knibbs, K.(2024). US Record Labels Sue AI Music Generators Suno and Udio for Copyright Infringement. Wired. https://www.wired.com/

Wang, L., et al.(2024). A review of intelligent music generation systems. *Neural Computing and Applications*, 36(12), pp.6381–6401.

박재록

상명대학교 문화기술대학원 뮤직테크놀로지학과 부교수다. 서울대 음악학과를 졸업하고 한국예술종합학교에서 뮤직테크놀로지학과에서 전문사과정을 마쳤고, 서울대 언론정보학과 박사과정을 수료했다. 오디오비주얼 퍼포먼스 그룹 태싯(Tacit)의 창단 멤버(2008), 한국음악앙상블 바람곶 멤버(2009~2012)였다. 개인 음반으로 국악 앰비언트 음반 〈Dream of Electric Butterfly〉(2012)를 발매했으며, 국립무용단 작품 〈향연〉(2018) 등 다수의 무용 작품의 음악감독을 맡았다. 서울대학교 예술과학센터 연구원(2012~2013)으로 국악 가상악기와 애플리케이션 개발에 참여했으며, 개인 개발자로 장단 메트로놈 앱을 개발(2011~)하였다. 주요 저서로는 『뮤직 테크놀로지의 이해』(2015), 『멀티미디어 프로그래밍을 위한 Max/Max for Live』(2020)가 있으며, 주요 논문으로는 "스트리밍 시대 미디어를 통한 한국인의 음악청취행태 분석"(2023), "음악제작에 도입된 기술과 인공지능에 관한 역사적 관점에서의 고찰"(2019), "스마트폰 시대 미디어를 통한 한국인의 음악청취행태 분석"(2017) 등이 있다.